Grünewald/Köllner/Petersen/Wurzer/Zwirner
Bilanzierung von Patenten

Bilanzierung von Patenten

Abbildungs- und Gestaltungsmöglichkeiten nach HGB durch das BilMoG

Von

Dipl.-Kfm. Theo Grünewald

Senior Consultant, Leiter des Valuation Service Centers,
Wurzer & Kollegen GmbH, München

Patentanwalt Dr. Malte Köllner

European Patent Attorney, European Trademark and
Design Attorney, Dipl.-Phys.
Köllner & Partner Patentanwälte, Franfurt a. M.

WP/StB Dipl.-Kfm. Karl Petersen

Geschäftsführer der Dr. Kleeberg & Partner GmbH WPG StBG, München

Prof. Dr. Alexander J. Wurzer

Geschäftsführender Gesellschafter Wurzer & Kollegen GmbH, München
Leiter des Steinbeis-Instituts für Intellectual Property Management,
Steinbeis-Hochschule, Berlin,
Professor Associé an der Universität Strasbourg

StB Dipl.-Kfm. Dr. Christian Zwirner

Prokurist der Dr. Kleeberg & Partner GmbH WPG StBG, München

Carl Heymanns Verlag 2010

Zitiervorschlag: Köllner, in Grünewald/Köllner/Petersen/Wurzer/Zwirner, Bilanzierung von Patenten, S. 62

Bibliografische Information der Deutschen Nationalbibliothek

Die Deutsche Nationalbibliothek verzeichnet diese Publikation in der Deutschen Nationalbibliografie; detaillierte bibliografische Daten sind im Internet über http://dnb.d-nb.de abrufbar.

www.wolterskluwer.de
www.heymanns.com

Carl Heymanns Verlag – eine Marke von Wolters Kluwer Deutschland GmbH.

E-Mail: info@wolterskluwer.de

ISBN **978-3-452-27206-5**

Umschlagkonzeption: Martina Busch, Grafikdesign, Fürstenfeldbruck
Satz: Reemers Publishing Services GmbH, Krefeld
Druck und Weiterverarbeitung: Wilhelm & Adam OHG, Heusenstamm

Gedruckt auf säurefreiem und alterungsbeständigem Papier.

Vorwort

Nach mehrjährigen Diskussionen ist im Mai 2009 das Bilanzrechtsmodernisierungsgesetz (BilMoG) in Kraft getreten. Damit wurde das deutsche Handelsgesetzbuch seiner größten Reform seit über 20 Jahren unterzogen. Ziel war es, die Bilanzierung nach HGB einfacher, kostengünstiger, moderner und international vergleichbar zu gestalten. Im Zuge der Modernisierung wurde auch der wachsenden Bedeutung immaterieller Werte Rechnung getragen. Das bisher geltende Verbot des Bilanzansatzes selbst erstellter immaterieller Werte im Anlagevermögen wurde zugunsten eines Aktivierungswahlrechtes aufgehoben. Damit ist nun der Weg frei für eine neue Rechnungslegung, die die Situation gerade innovativer Unternehmen deutlicher darstellt. Das BilMoG erlaubt künftig die Aktivierung und Abbildung selbst geschaffener Patente in der Bilanz.

Allerdings stellt die Neuregelung viele Berufsgruppen vor neue praktische Herausforderungen. Die im Unternehmen mit der Erstellung des Jahresabschlusses Betrauten müssen sich nun ebenso in das Wesen immaterieller Güter einarbeiten wie Wirtschaftsprüfer und Steuerberater. Auf der anderen Seite rücken auch das Betätigungsfeld der Patentanwälte oder IP-Verantwortlichen und die Rechnungslegung sehr nah zusammen, so dass auch für diese Berufe Grundkenntnisse in der Bilanzierung notwendig werden. Nicht zuletzt die Leser der Jahresabschlüsse, wie z. B. Mitarbeiter von Banken, müssen in die Lage versetzt werden, die neu hinzugekommenen Informationen zu verstehen und angemessen zu interpretieren.

An all diejenigen, die sich in die Praxis der Bilanzierung immaterieller Güter einarbeiten möchten, richtet sich dieses Buch. Es gibt einen praxisnahen Einblick in die Grundlagen der unterschiedlichen mit dem Thema verbundenen Wissenskomplexe und zeigt, auch anhand konkreter Beispiele, das Vorgehen bei der Bilanzierung von Patenten nach BilMoG auf.

Wir danken Frau Dr. Corinna Boecker für Ihre Unterstützung bei der Bearbeitung des Manuskripts und der Erstellung des abschließenden Fallbeispiels. Wir danken Herrn Dr. Endlich und Frau Teufelhart von Wolters Kluwer für die professionelle Betreuung dieses Buchprojektes.

Für eine kritische Aufnahme unseres Buches sowie Anregungen und Hinweise sind wir dankbar und nehmen diese gerne entgegen.

München/Frankfurt am Main,
Strasbourg im Oktober 2009

Theo Grünewald
Dr. Malte Köllner
Karl Petersen
Prof. Dr. Alexander J. Wurzer
Dr. Christian Zwirner

Inhalt

Literatur

Arbeitskreis »Immaterielle Werte im Rechnungswesen« der Schmalenbach-Gesellschaft für Betriebswirtschaft e. V. (2001): Kategorisierung und bilanzielle Erfassung immaterieller Werte, in: Der Betrieb (DB) 2009, S. 989–994.

Baetge/Kirsch/Thiele (2007): Bilanzen, 9. Auflage, Düsseldorf 2007.

Blasius (2006): IFRS, HGB und F&E: Besteuerung und Bilanzierung, Berlin 2006.

BR-Drucks. 344/08 (2008): Gesetzentwurf der Bundesregierung: Entwurf eines Gesetzes zur Modernisierung des Bilanzrechts (Bilanzrechtsmodernisierungsgesetz – BilMoG).

Ch'ang/Yastreboff (2003): Discover Your Invisible Advantage, in Les Nouvelles 2003, S. 32–37.

Coenenberg/Haller/Schultze (2009): Jahresabschluss und Jahresabschlussanalyse, 21. Auflage, Stuttgart 2009.

Hoyos/Schramm/M. Ring (2006): Kommentierung des § 253 HGB, in: Ellrott et al. (Hrsg.), Beck'scher Bilanz-Kommentar, 6. Auflage, München 2006.

IDW (2007): IDW S 5 – Grundsätze zur Bewertung immaterieller Vermögenswerte vom 12.07.2007, in: IDW-Fachnachrichten 2007, S. 610–621.

Karrenbauer/Döring/Buchholz (2003): Kommentierung des § 253 HGB, in: Küting/Weber (Hrsg.): Handbuch der Rechnungslegung – Einzelabschluss, Loseblatt, 5. Auflage, Stuttgart 2002 ff.

Kellner (1998): Finanz- und Rechnungswesen für Führungskräfte, Düsseldorf 1998.

Knop/Küting (2003): Kommentierung des § 255 HGB, in: Küting/Weber (Hrsg.): Handbuch der Rechnungslegung – Einzelabschluss, Loseblatt, 5. Auflage, Stuttgart 2002 ff.

Köllner (2009): Due Diligence or Discount, Monetary effect of legal aspects in patent valuation, in: Les Nouvelles 2009, S. 24–37.

Kralicek (2007): Bilanzen lessen – eine Einführung, 3. Auflage, Heidelberg 2007.

Lev/Aboody (2001): R&D Productivity in the Chemical Industry 2001, New York 2001.

Lüdenbach/Hoffmann (2009): Finanzkrise und HGB-Abschluss, in: Steuern und Bilanzen (StuB) 2009, S. 3–12.

Mindermann/Brösel (2009): Kommentierung des § 248 HGB, in: Petersen/Zwirner (Hrsg.): BilMoG, München 2009, S. 390–395.

Mindermann/Hartmann (2009): Immaterielles Anlagevermögen, in: Brösel/Zwirner (Hrsg.): IFRS-Rechnungslegung, 2. Auflage, München 2009, S. 85–99.

Petersen/Zwirner (2008): Die deutsche Rechnungslegung und Prüfung im Umbruch – Veränderte Rahmenbedingungen durch die geplanten Reformen des Bilanzrechtsmodernisierungsgesetzes (BilMoG) gemäß dem Referentenentwurf vom 08.11.2007, in: Zeitschrift für internationale und kapitalmarktorientierte Rechnungslegung (KoR) 2008, Beilage 1 zu Heft 8.

Petersen/Zwirner (2009): Latente Steuern nach dem BilMoG – Darstellung und Würdigung der Neukonzeption, in: Steuern und Bilanzen (StuB) 2009, S. 416–423.

Petersen/Zwirner/Künkele (2009): Bilanzanalyse und Bilanzpolitik, Herne 2009.

Waschbusch (2009): Kommentierung der §§ 284–288 HGB, in: Petersen/Zwirner (Hrsg.): BilMoG, München 2009, S. 502–516.

Waschbusch (2009a): Kommentierung der §§ 313–314 HGB, in: Petersen/Zwirner (Hrsg.): BilMoG, München 2009, S. 557–567.

Wurzer/Reinhardt (2006): Bewertung technischer Schutzrechte, Köln 2006.

Wurzer (2007a): Der systematische Weg vom Geschäftsmodell zur IPR-Strategie, in: Innovation Management Nr. 3 2007, S. 28–35.

Wurzer (2007b): Know-how: Begriff und Bedeutung, in: Wurzer/Kaiser (Hrsg.): Praxishandbuch Internationaler Know-how-Schutz, Loseblatt, Stuttgart 2007 ff.

Wurzer (2009): Know-how-Schutz als Teil des Compliance Managements, in: Corporate Compliance Zeitschrift (CCZ) 2009, S. 49–56.

Wurzer/Reinhardt (2009): Handbuch der Patentbewertung, 2. Aufl., Köln 2009.

Zwirner (2009): Kommentierung des § 268 HGB, in: Petersen/Zwirner (Hrsg.): BilMoG, München 2009, S. 471–473.

Benutzerhinweis

Eingangsfrage

Beispiel

Praxistipp

Das sollten Sie sich merken

1 Einführung

Die Bedeutung immaterieller Werte für den Unternehmenserfolg wurde über viele Jahre hinweg intensiv diskutiert. Mittlerweile wird die Erfolgswirkung immaterieller Werte kaum noch bezweifelt. Ihre Existenz wurde empirisch belegt und es entstehen laufend neue Geschäftsmodelle, die ohne immaterielle Werte, insbesondere geistiges Eigentum, nicht denkbar wären.[1] Aus diesem Grund wachsen die Investitionen in immaterielle Güter stetig. Sie übersteigen zum Teil bereits die Investitionen in materielle Anlagegüter. Das bedeutet, dass eine Vielzahl von Unternehmen jährlich intensiv am Aufbau substanzieller Bestände immateriellen Vermögens arbeitet.

Gleichwohl war die Offenlegung dieser Werte in der Handelsbilanz seit jeher durch § 248 Abs. 2 HGB a. F. explizit verboten. Die Folge war, dass stille Reserven kontinuierlich aufgebaut und vergrößert wurden. Die Handelsbilanzen zeigten damit immer weniger das reale Bild der wirtschaftlichen Unternehmenslage. Auch die Vergleichbarkeit der Jahresabschlüsse deutscher, nach HGB bilanzierender Unternehmen mit Jahresabschlüssen, die nach den internationalen Rechnungslegungsstandards (IFRS/IAS) erstellt wurden, war nicht mehr gegeben. Hier war nämlich die Aktivierung auch selbst erstellter immaterieller Vermögenswerte bereits seit längerem möglich.

Durch das Bilanzrechtsmodernisierungsgesetz (BilMoG), das im Mai 2009 in Kraft getreten ist, wurde diese Situation grundlegend geändert. Das Aktivierungsverbot des § 248 Abs. 2 HGB a. F. wurde aufgehoben und durch ein Wahlrecht zur Aktivierung selbst erstellter immaterieller Vermögensgegenstände ersetzt. Übt das bilanzierende Unternehmen diese Entscheidung positiv aus, so muss es den Entstehungsprozess in eine Forschungs- und eine Entwicklungsphase teilen. Nur die Entwicklungskosten dürfen in der Bilanz aktiviert werden. Schon diese Einteilung und die zugehörige Nomenklatur zeigen, dass der Gesetzgeber davon ausgeht, dass es sich bei den aktivierbaren Gütern in erster Linie um die Ergebnisse aus im Unternehmen vollzogenen F&E-Aktivitäten handelt. Die Ergebnisse sind meist technische Innovationen, die dann durch gewerbliche Schutzrechte wie Patente oder Gebrauchsmuster aber auch durch Marken und Geschmacksmuster vor einer Verwendung durch Wettbewerber geschützt

1 Lev/Aboody 2001, S. 18 ff.; Wurzer 2007a, S. 28 ff.

werden. Die zu aktivierenden Vermögensgegenstände entstehen in einem Prozess, der sich von der Herstellung materieller Güter grundlegend unterscheidet, sie haben spezifische Risiken und wirtschaftliche Eigenschaften.[2]

Diese speziellen Eigenschaften stellen die mit der Jahresabschlusserstellung und -prüfung befassten Personenkreise, wie zum Beispiel Buchhalter, Steuerberater oder Wirtschaftsprüfer vor neue Herausforderungen. Außerdem rücken andere Berufsgruppen, wie IP-Experten oder Patentanwälte näher an das betriebliche Rechnungswesen heran. Es wird also zukünftig bei der Bilanzierung immaterieller Vermögensgegenstände zu einem interdisziplinären Austausch zwischen den Beteiligten kommen. Allen diesen Gruppen, aber auch den Adressaten der Bilanzinformation, zum Beispiel Banken, ist gemeinsam, dass sie aufgrund ihrer Ausbildung Kenntnislücken haben, die eine angemessene Behandlung dieses Themas in der Praxis erschweren. Diese Lücken auf anschauliche und praxisnahe Art zu schließen ist das Anliegen des vorliegenden Buches.

Den spezifischen Know-how Defiziten der einzelnen Gruppen wird durch den Aufbau des Buches Rechnung getragen. Im ersten Abschnitt sind die Grundlagen des betrieblichen Rechnungswesens dargelegt. Hier werden die Bestandteile des Jahresabschlusses aufgezeigt und die maßgeblichen Ziele und Prinzipien der Jahresabschlusserstellung vorgestellt. Abschnitt zwei widmet sich dann der ausführlichen Beschreibung immaterieller Güter, insbesondere der verschiedenen Schutzrechtsarten, deren spezifischer Eigenschaften und ihrer Entstehung. Im dritten Abschnitt wird die Aktivierung immaterieller Vermögensgegenstände nach den neu gefassten Regelungen des HGB detailliert dargestellt und im vierten Abschnitt mit der Aktivierung nach den internationalen Rechnungslegungsnormen verglichen. Den Abschluss bildet ein Fallbeispiel, das die in den vorherigen Kapiteln gelegten Grundlagen vertieft und das konkrete Vorgehen bei der Bilanzierung aufzeigt.

2 Wurzer/Reinhardt 2009, Rdn. 124 ff., S. 122 ff.

2 Betriebliches Rechnungswesen und Jahresabschluss

2.1 Funktion des Rechnungswesens

Welche Aufgaben hat das betriebliche Rechnungswesen?
In welche Teilbereiche ist das betriebliche Rechnungswesen gegliedert?

Das betriebliche Rechnungswesen umfasst alle **Verfahren zur mengen- und wertmäßigen Erfassung und Überwachung** der **Geld- und Leistungsströme** in sämtlichen Unternehmensbereichen. Das betriebliche Rechnungswesen dient der Kontrolle des Erfolgs und der Wirtschaftlichkeit des Unternehmens (Dokumentations- und Kontrollfunktion).

Zur Erfüllung dieser Funktionen werden **Bestände stichtagsbezogen** dokumentiert und **Bestandsveränderungen im Zeitablauf** festgestellt. Außerdem dient es zur der **Ermittlung der Selbstkosten** der betrieblichen Leistung und des Erfolges einer bestimmten Zeitperiode. Dadurch wird eine Informationsgrundlage zur Fundierung von Entscheidungen der Geschäftsleitung geschaffen (Dispositionsfunktion).

Die nach außen gerichtete Aufgabe des Rechnungswesens ist die **Rechenschaftslegung** und Information über die **Vermögens-, Finanz- und Ertragslage** des Unternehmens (Rechenschaftslegungs- und Informationsfunktion).

Die Vielfalt der Aufgaben und Ziele führt zu einer Unterteilung in vier Teilbereiche. Das **interne Rechnungswesen**, das auch als Betriebsbuchführung oder Kostenrechnung bezeichnet wird, umfasst die Betriebsabrechnung und die Kalkulation. Das **externe Rechnungswesen** übernimmt die Finanzbuchhaltung des Unternehmens. In seine Zuständigkeit fällt die Erstellung der Bilanz und der Gewinn- und Verlustrechnung. Daneben gibt es die Nebenbereiche der **Unternehmensplanung und -statistik**. Alle Teilbereiche greifen unter Umständen auf das gleiche Datenmaterial zurück. Dieses wird aber aus verschiedenen Perspektiven und mit unterschiedlichen Zielsetzungen betrachtet.

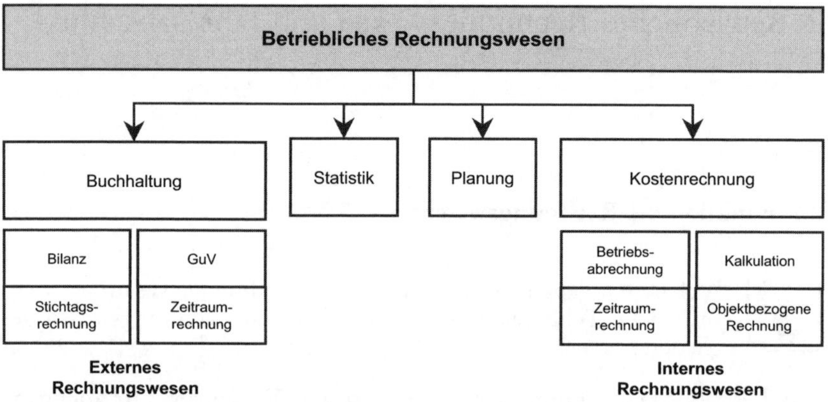

Abbildung 1: Struktur des betrieblichen Rechnungswesens.

- Das Rechnungswesen dient der Dokumentation und Kontrolle der Geschäftsvorgänge. Es ist auf die Information und Rechenschaftslegung ausgerichtet und bildet die Grundlage von Unternehmensentscheidungen.
- Die Erstellung der Bilanz und der Gewinn- und Verlustrechnung ist Aufgabe des externen Rechnungswesens.

2.2 Der Jahresabschluss als Bestandteil des betrieblichen Informationssystems

Wozu wird der Jahresabschluss erstellt?
An wen richtet sich der Jahresabschluss?
Welche Bilanzarten gibt es?

Der **Jahresabschluss** als **regelmäßig** hervorgebrachtes Ergebnis der externen Rechnungslegung dient im Wesentlichen dem Ziel der **Informationsvermittlung** und der **Rechenschaftslegung.** Er wendet sich an eine Vielzahl unterschiedlicher Interessengruppen. Diese sind an der im Jahresabschluss offen gelegten Unternehmensentwicklung aus mitunter sehr unterschiedlichen Gründen interessiert. Die einzelnen **Adressaten** und ihre wichtigsten Informationsbedürfnisse sind nachfolgend tabellarisch aufgeführt:

Unternehmensbezug	Adressat	Informationsbedürfnis
Unternehmensintern	Geschäftsleitung	Überprüfung des Erreichens von Zielen Stärken-/Schwächenanalysen
	Arbeitnehmer	Einschätzung der Arbeitsplatz- und Gehaltssicherheit richtige Ausübung von Mitarbeiterrechten
Unternehmensextern	Gesellschafter	Prüfung der getätigten Investitionsentscheidung, Entscheidung über weiteres Engagement (Rentabilität und Sicherheit der Anlage) Überprüfung der Verwendung des zur Verfügung gestellten Kapitals Ggf. Einschätzung von Haftungsrisiken Richtige Ausübung von Eigentums- und Mitgliedschaftsrechten
	Potenzielle Anleger	Fundierung von Investitionsentscheidungen (Aufschluss über Sicherheit und Rentabilität der Anlage)
	Banken	Bonitätsprüfung Laufende Prüfung der Entwicklung von Kapitalstruktur, Umsatz und Liquidität
	Lieferanten	Prognose der Fähigkeit des Unternehmens, seinen Verbindlichkeiten nachzukommen
	Kunden	Entscheidung über Aufbau langfristiger Lieferbeziehung Einschätzung über langfristiges Fortbestehen des Unternehmens zum Beispiel wegen Notwendigkeit des Kundendienstes, Verfügbarkeit von Ersatzteilen oder Garantieverpflichtungen
	Fiskus	Bemessungsgrundlage für Körperschafts-, Gewerbeertrags- und Einkommensteuern
	Öffentlichkeit (zum Beispiel Presse, Forschungsinstitutionen, Verbände)	Beobachtung der wirtschaftlichen Entwicklungen in verschiedenen Regionen oder Branchen

Tabelle 1: Informationsadressaten des Jahresabschlusses.

Um die Informationsbedürfnisse aller Adressaten angemessen zu befriedigen, müssen die veröffentlichten Daten wahr und verständlich sein. Das heißt, dass eine systematische Buchführung, in der die Geschäftsvorfälle dokumentiert werden, die Grundvoraussetzung für die Erstellung des Jahresabschlusses ist. Außerdem ist das Zahlenmaterial so aufzubereiten und zu gruppieren, dass der Leser des Jahresabschlusses einen Überblick über die wirtschaftliche Situation des Unternehmens erhält. Im Fokus stehen drei wesentliche Aspekte:

Vermögenslage

Die Vermögenslage ergibt sich aus der **Kapitalstruktur** des Unternehmens. Sie zeigt das Verhältnis zwischen Vermögen und Schulden.

Finanzlage

Zur Finanzlage werden im Jahresabschluss in erster Linie Informationen zur **Mittelherkunft** und zur **Mittelverwendung** sowie zur **Liquiditätssituation** gegeben.

Ertragslage

Zur Beurteilung der Ertragslage sind neben Informationen zur **Höhe des Ertrags** auch solche zur Entstehung des Ertrags notwendig. Das bedeutet, dass für das ausgewiesene Ergebnis auch die jeweiligen Quellen (zum Beispiel operatives Ergebnis, außerordentliches Ergebnis oder Zins- Beteiligungs- und Finanzergebnis) angegeben werden müssen.

Neben diesen Zielen der Informationsvermittlung und Entscheidungsfundierung ist die Bestimmung des **ausschüttbaren Jahresüberschusses** eine wichtige Aufgabe der Jahresabschlusserstellung. An das Ergebnis dieser Berechnungen knüpfen sich einerseits gesetzlich vorgeschriebene Mindestausschüttungen beziehungsweise Ausschüttungssperren (Zahlungsbemessungsfunktion). Die Erstellung des Jahresabschlusses dient damit dem Schutz von Minderheitsgesellschaftern ebenso wie dem Gläubigerschutz.

Die in der Buchführung für einen bestimmten Stichtag (Bilanzstichtag) festgestellten Vermögensbestände werden in der Bilanz dem eingesetzten Kapital gegenüber gestellt. Aus dem Anlass und der Zielsetzung der Bilanzerstellung ergeben sich verschiedene **Bilanzarten**. Die wichtigsten Ausprägungen sind in der nachfolgenden Tabelle aufgeführt und charakterisiert:

Bilanzart	Erstellung
Ordentliche Bilanz/ laufende Bilanz	– Regelmäßig – Aufgrund gesetzlicher Vorschriften (zum Beispiel Jahresbilanz) oder – Vertraglicher Vereinbarungen (zum Beispiel Quartalsbilanz für Fremdkapitalgeber)
Außerordentliche Bilanz/Sonderbilanz	– Bei besonderen oder unregelmäßig auftretenden Anlässen – Aufgrund gesetzlicher Vorschriften (zum Beispiel Gründungs-/Liquidationsbilanz) oder – Sonstigen wirtschaftlichen Anlässen (zum Beispiel Kreditwürdigkeitsprüfung)
Handelsbilanz	– Zur Darstellung der tatsächlichen Unternehmenssituation – Zur Rechenschaftslegung gegenüber externen Adressaten (außer Steuerbehörden)
Steuerbilanz	– Zur Darstellung des wirtschaftlichen Erfolgs gegenüber Steuerbehörden – Als Grundlage für die Ertragsbesteuerung
Einzelbilanz	– Als Bilanz eines einzelnen Unternehmens
Konzernbilanz	– Als Bilanz mehrerer zusammenhängender Unternehmen – Unter Eliminierung konzerninterner Vorgänge (Konsolidierung)

Tabelle 2: Übersicht zu den Bilanzarten.

- Der Jahresabschluss gibt Aufschluss über die Vermögens-, Finanz- und Ertragslage des Unternehmens.
- Neben der Aufgabe der Informationsvermittlung werden durch den Jahresabschluss auch die Höhe bestimmter Zahlungen sowie Rechte und Pflichten von Mitarbeitern und Gesellschaftern geregelt.
- Die Informationen werden für einen weiten Kreis unternehmensinterner und -externer Adressaten aufbereitet.
- Je nach Anlass der Bilanzerstellung existieren unterschiedliche Bilanzarten.

2.3 Bestandteile des Jahresabschlusses

Aus welchen Bestandteilen setzt sich der Jahresabschluss zusammen?
Welchen Umfang muss der veröffentlichte Jahresabschluss haben?

Der Jahresabschluss nach HGB besteht grundsätzlich aus den Elementen Bilanz, Gewinn- und Verlustrechnung und Anhang. Zwingende Voraussetzung der Erstellung der Bilanz ist die Führung eines Inventars. Der Jahresabschluss wird ergänzt durch den Lagebericht.

Inventar und Inventur (§§ 240 HGB ff.)

Jeder Kaufmann muss zum Ende jeden Geschäftsjahres alle seine **Vermögensgegenstände und Schulden genau verzeichnen** und den Wert jeder Position angeben. Dieses Verzeichnis wird Inventar genannt. Es ist die Grundlage der Erstellung der Bilanz, wird aber selbst nicht veröffentlicht.

Die Tätigkeit der mengen- und wertmäßigen Bestandsaufnahme bezeichnet man als Inventur. Die Erfassung kann auf zwei unterschiedliche Arten erfolgen. Die körperliche Bestandsaufnahme durch Zählen, Messen oder Wiegen kommt bei materiellen Vermögensgegenständen zur Anwendung. Die buchmäßige Bestandsaufnahme wird dagegen für immaterielle Vermögensgegenstände (also auch für Patente), für Bankguthaben, Forderungen und Schulden auf der Basis der Abstimmung vorhandener Belege durchgeführt.

Grundsätzlich sind im Inventar alle Vermögensgegenstände einzeln in Staffelform aufzuführen, so dass diese Zusammenstellung im Einzelfall sehr umfangreich und unübersichtlich wird.

Bilanz (§§ 266 HGB ff.)

Zur Vermittlung eines klaren und übersichtlichen Bildes werden die Positionen des Inventars in der Bilanz zusammengefasst. Die **Vermögensgegenstände (Aktiva)** werden dem **Kapital (Passiva)** des Unternehmens in Kontenform gegenüber gestellt. Dadurch zeigt die Bilanz die Mittelherkunft (Passiva) und die Mittelverwendung (Aktiva) zum Bilanzstichtag.

Der Aufbau und die Positionen der Bilanz werden im nachfolgenden Kapitel ausführlich beschrieben.

Gewinn- und Verlustrechnung (§§ 275 HGB ff.)

Gegenüber der zeitpunktbezogenen Darstellung der Unternehmenssituation in der Bilanz stellt die Gewinn- und Verlustrechnung (GuV) eine **Zeitraumrechnung** dar. Hier werden sämtliche Erträge und Aufwendungen eines Geschäftsjahres üblicherweise in Staffelform zusammengefasst.

Der Unternehmenserfolg wird dann als Saldo zwischen Ertrag und Aufwand ermittelt.

Die Gewinn- und Verlustrechnung kann entweder nach dem Gesamtkostenverfahren oder nach dem Umsatzkostenverfahren aufgestellt werden (§ 275 Abs. 1 HGB). Aufgrund der überlegenen Informationsaufbereitung wird aber das Umsatzkostenverfahren insbesondere von kapitalmarktorientierten Unternehmen meist favorisiert. Die nach dem Umsatzkostenverfahren erstellte Gewinn- und Verlustrechnung weist in der Regel folgende Positionen im Jahresabschluss aus:

1.	Umsatzerlöse
2.	Herstellungskosten der zur Erzielung der Umsatzerlöse erbrachten Leistungen
3.	**Bruttoergebnis vom Umsatz**
4.	Vertriebskosten
5.	Allgemeine Verwaltungskosten
6.	Sonstige betriebliche Erträge
7.	Sonstige betriebliche Aufwendungen
8.	**Betriebsergebnis**
9.	Erträge aus Beteiligungen
10.	Erträge aus anderen Wertpapieren und Ausleihungen des Finanzanlagevermögens
11.	Sonstige Zinsen und ähnliche Erträge
12.	Abschreibungen auf Finanzanlagen und auf Wertpapiere des Umlaufvermögens
13.	Zinsen und ähnliche Aufwendungen
14.	**Finanzergebnis**
15.	**Ergebnis der gewöhnlichen Geschäftstätigkeit**
16.	Außerordentliche Erträge
17.	Außerordentliche Aufwendungen
18.	**Außerordentliches Ergebnis**
19.	Steuern vom Einkommen und vom Ertrag
20.	sonstige Steuern
21.	**Jahresüberschuss/Jahresfehlbetrag**
22.	Einstellung in Gewinnrücklagen
23.	**Bilanzgewinn**

Tabelle 3: Gewinn- und Verlustrechnung nach dem Umsatzkostenverfahren.

Für das ausgewiesene Ergebnis ist die Wahl zwischen Gesamtkostenverfahren und Umsatzkostenverfahren unerheblich. Beide führen zum gleichen Resultat.

Die Gewinn- und Verlustrechnung erlaubt es Außenstehenden, sich ein dezidiertes Bild vom zustande Kommen des Erfolges und der Ertragslage des Unternehmens zu machen.

Anhang (§§ 284 HGB ff.)

Der Anhang dient der **Erläuterung** einzelner Positionen der Bilanz und der Gewinn- und Verlustrechnung. Es werden insbesondere die verwendeten Bilanzierungs- und Bewertungsmethoden oder aber Abweichungen in der Anwendung der bisherigen Methoden erläutert. Es werden zum Beispiel Informationen über die Bemessung von Abschreibungen, vorgenommene außerplanmäßige Abschreibungen, angewandte steuerliche Vereinfachungsregeln oder die Bewertung von Rückstellungen gegeben. Außerdem finden sich im Anhang Angaben zu den Bezügen der Geschäftsleitung, des Aufsichtsrats und des Beirats.

Zudem können bestimmte Informationen aus der Bilanz oder der Gewinn- und Verlustrechnung in den Anhang verlagert werden. Dies führt zu einer größeren Klarheit und Übersichtlichkeit von Bilanz und Gewinn- und Verlustrechnung, ohne dass es zu Informationsverlusten kommt.

Lagebericht (§§ 289 HGB f.)

Der Lagebericht wird erstellt, um den **zukunftsorientierten Informationsinteressen** der Adressaten Rechnung zu tragen. Da der durch die Bilanz, die Gewinn- und Verlustrechnung und den Anhang gewährte Einblick in die Lage des Unternehmens beschränkt ist, sind der Geschäftsverlauf und die Zukunftsperspektiven des Unternehmens so darzustellen, dass ein den tatsächlichen Verhältnissen entsprechendes Bild entsteht.

Der Lagebericht soll insbesondere eingehen auf:

- die voraussichtliche Entwicklung der Gesellschaft mit ihren wesentlichen Chancen und Risiken,
- Vorgänge von besonderer Bedeutung, die nach dem Schluss des Geschäftsjahrs eingetreten sind,
- die Risikomanagementziele und -methoden des Unternehmens und
- den Bereich Forschung und Entwicklung.

Der Lagebericht ist kein Bestandteil des Jahresabschlusses. Er ist ein eigenständiges ergänzendes Informationsinstrument.

Die Elemente des Jahresabschlusses und die ergänzenden Informationsinstrumente müssen aber nicht von jedem Unternehmen gleichermaßen erstellt werden. Je nach der **Größe** und der **Rechtsform** des Unternehmens bestehen mehr oder weniger umfangreiche Pflichten zur Aufstellung und Veröffentlichung des Jahresabschlusses. So sind beispielsweise kleine Einzelkaufleute (Umsatzerlöse p. a. geringer als 500 000 €/Jahresüberschuss p. a. geringer als 50 000 €) nicht verpflichtet, die Regelungen zur kaufmännischen Buchführung und Abschlusserstellung einzuhalten.

Für Kapitalgesellschaften werden als Zuordnungskriterien zu den einzelnen Größenklassen die Merkmale Bilanzsumme, Umsatzerlöse und durchschnittliche Anzahl der Arbeitnehmer herangezogen. Die Merkmale müssen an zwei aufeinander folgenden Bilanzstichtagen erfüllt sein.

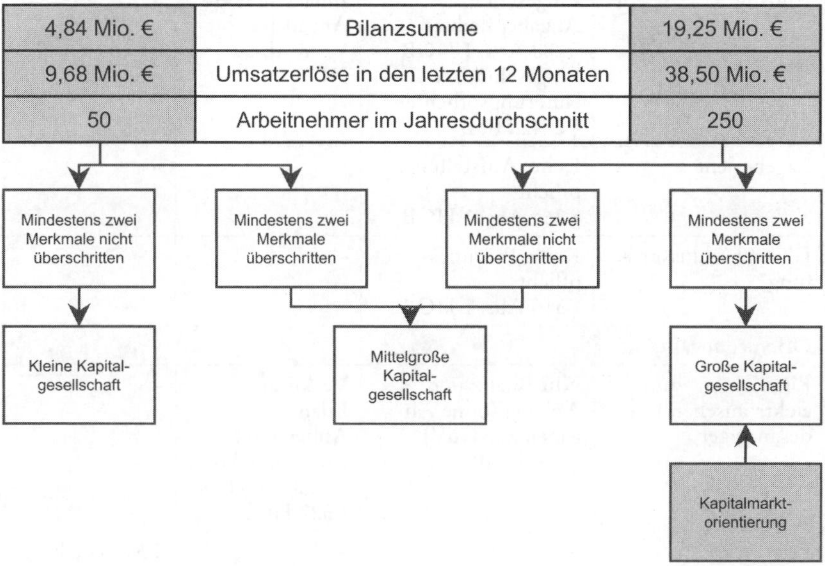

Abbildung 2: Größenmerkmale und Größenklassen von Kapitalgesellschaften nach § 267 HGB.[3]

3 Quelle: Kralicek 2007, S. 15.

In der folgenden Tabelle sind die größenabhängigen Sonderregelungen für die Aufstellung und Offenlegung des Jahresabschlusses wiedergegeben:

	Kleine	Mittlere	Große
Aufstellung des Jahresabschlusses			
Bilanzgliederung	Verkürzt § 266 Abs. 1 HGB	–	–
Gliederung der GuV	Verkürzt § 276 HGB	Verkürzt § 276 HGB	–
Anhang	Eingeschränkte Angabepflichten § 288 Abs. 1 HGB Eingeschränkte Erläuterungspflichten § 274a HGB	Eingeschränkte Angabepflichten § 288 Abs. 2 HGB	–
Lagebericht	Keine Aufstellungspflicht § 264 Abs. 1 HGB	–	–
Jahresabschlussprüfung	Keine Prüfungspflicht § 316 Abs. 1 HGB	–	–
Offenlegung/Publizität			
Einreichung zum elektronischen Bundesanzeiger	Nur Bilanz und Anhang (ohne Angaben zur GuV) § 326 HGB	Verkürzte Bilanz Anhang mit eingeschränkten Angabepflichten § 327 HGB	–
Frist	–	–	4 Monate bei kapitalmarktorientierten Gesellschaften § 325 HGB

Tabelle 4: Größenabhängigen Regelungen für die Aufstellung und Offenlegung des Jahresabschlusses.

- Der Jahresabschluss setzt sich aus der Bilanz, der Gewinn- und Verlustrechnung und dem Anhang zusammen.
- Die Erstellung der Bilanz erfolgt auf der Grundlage eines Inventars, in dem die Bestände an Vermögensgegenständen und Schulden einzeln dokumentiert werden.
- Ergänzend wird im Lagebericht ein zukunftsbezogenes Bild der Unternehmenssituation aufbereitet.
- Der zu erstellende und zu veröffentlichende Umfang des Jahresabschlusses hängt von der Unternehmensgröße und der Rechtsform des Unternehmens ab.

2.4 Formalaufbau einer Bilanz

Wie ist eine Bilanz gegliedert?
Welche wichtigen Bilanzpositionen gibt es?

Jede Bilanz (von italienisch »bilancia« = Waage) hat zwei Seiten. Die linke Seite, **Aktiv- oder Vermögensseite** genannt, enthält die Gesamtheit aller im Betrieb eingesetzten Vermögensgegenstände und Geldmittel. Dem wird auf der rechten Seite, die als **Passiv- oder Kapitalseite** bezeichnet wird, die Summe aller Schulden gegenüber Teilhabern und Gläubigern gegenüber gestellt. Da beide Seiten Ausdruck der gleichen Wertgesamtheit sind, ist die Bilanz **immer ausgeglichen**. Das bedeutet, dass die Addition der Einzelpositionen einer Seite immer zum gleichen Ergebnis führt wie die Addition der Einzelpositionen der Gegenseite. Dieses Ergebnis, also die Summe über die Werte einer Seite heißt Bilanzsumme. Sie wird im der Fußzeile der Bilanz angegeben.

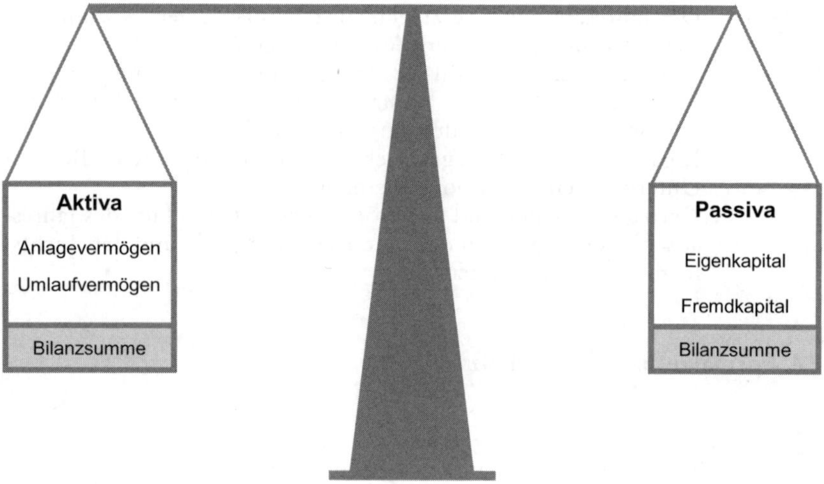

Abbildung 3: Grundkonzept der Bilanz.

2.4.1 Aktivseite

Wie bereits oben erwähnt bildet die Aktivseite der Bilanz die **Mittelverwendung** ab. Sie zeigt also, welche Ansprüche das Unternehmen zum Beispiel in Form von Geldmitteln, Roh-, Hilfs- und Betriebsstoffen, materiellen oder immateriellen Gütern mit dem zur Verfügung gestellten Kapital erworben hat.

Die Aktivseite gliedert sich in zwei große Gruppen von Bilanzpositionen. Im **Anlagevermögen** werden diejenigen Vermögensteile aufgeführt, die **langfristig** im Unternehmen genutzt werden, die für die Leistungsbereitschaft des Unternehmens notwendig sind und die nicht zum Zweck der Veräußerung angeschafft wurden. Das **Umlaufvermögen** ist das **kurzfristig** gebundene Vermögen. Hier finden sich diejenigen Vermögensgegenstände wieder, die gewöhnlich innerhalb kurzer Zeit verarbeitet, verbraucht oder veräußert werden.

Anlagevermögen

Das Anlagevermögen lässt sich in folgende drei Hauptgruppen einteilen:

1. Das **Sachanlagevermögen** oder materielle Anlagevermögen besteht einerseits aus körperlichen Vermögensgegenständen, die im Zeitablauf keinem Wertverzehr unterliegen, wie zum Beispiel Grundstücken und solchen, deren Wert durch die kontinuierliche Nutzung gemindert wird, wie zum Beispiel Anlagen oder Gebäude.

2. Im **immateriellen Anlagevermögen** finden sich Konzessionen und andere Rechte wie Patente, Lizenzen sowie der Geschäfts- oder Firmenwert.
3. Das **Finanzanlagevermögen** besteht aus Beteiligungen an anderen Unternehmen, Wertpapieren und anderen langfristigen finanziellen Forderungen.

Umlaufvermögen

Das Umlaufvermögen gliedert sich in die folgenden vier Hauptgruppen:

1. Das **Vorratsvermögen** umfasst die Bestände an Roh-, Hilfs- und Betriebsstoffen, unfertigen Leistungen, Waren und geleisteten Anzahlungen.
2. In den **Forderungen** sind sämtliche finanziellen Forderungen enthalten, die nicht an anderer Stelle, zum Beispiel im Anlagevermögen, ausgewiesen sind.
3. Die Position **Wertpapiere** nimmt Anteile an verbundenen Unternehmen sowie sonstige Wertpapiere auf, die kurzfristig als Liquiditätsreserven gehalten werden.
4. Die **Zahlungsmittel** beinhalten die Kasse, Bankguthaben und Schecks.

Weitere Aktivpositionen

Neben dem Anlage- und dem Umlaufvermögen sind auf der Aktivseite der Bilanz auch aktive Rechnungsabgrenzungsposten und aktive latente Steuern auszuweisen.

Aktive Rechnungsabgrenzungsposten werden gebildet, um eine periodengerechte Erfolgsermittlung zu ermöglichen. Werden also vor dem Abschlussstichtag Ausgaben getätigt, die erst im Folgejahr zu einem Aufwand führen, so ist ein Rechnungsabgrenzungsposten zu bilden.

Um die Position Rechnungsabgrenzungsposten verstehen zu können ist es notwendig, einige grundlegende Begriffe des Rechnungswesens zu kennen, die von Unkundigen häufig synonym verwendet werden:

Eingehend	Veränderung des	Ausgehend
Einzahlung	Zahlungsmittelbestandes	Auszahlung
Einnahme	Geldvermögens	Ausgabe
Ertrag	Nettovermögens	Aufwand

Tabelle 5: Grundlegende Begriffe des Rechnungswesens.

Sämtliche Begriffspaare beschreiben Strömungsgrößen, also Zahlungs- und Leistungsvorgänge, die sich innerhalb einer bestimmten Periode ereignen. Sie müssen keinesfalls einheitlich auf einen bestimmten Geschäftsvorfall zutreffen, wie die zwei folgenden Beispiele verdeutlichen sollen.

- Aufnahme eines Barkredits:
  Der Zahlungsmittelbestand wird in Höhe des gewährten Kredits erhöht (→ Einzahlung). Es entsteht eine Verbindlichkeit im selben Umfang, so dass eine Änderung des Geldvermögens nicht eintritt (→ keine Einnahme).
- Abschreibung einer Maschine
  Durch die Abschreibung wird der Wert des Sachvermögens und damit des Nettovermögens vermindert (→ Aufwand). Eine Änderung der Zahlungsmittelbestände tritt aber durch die Abschreibung nicht ein (→ keine Ausgabe).

Aktive latente Steuern entstehen durch den unterschiedlichen Wertansatz in der Handels- und der Steuerbilanz. Ist das Handelsbilanzergebnis niedriger als der steuerliche Gewinn, kann der Steueraufwand entsprechend verringert und ein aktiver Ausgleichsposten für künftige Steuerentlastungen gebildet werden.

Insgesamt weist die Aktivseite der Handelsbilanz nach § 266 Abs. 2 HGB folgende Gliederung auf:

Aktivseite			
A.	**Anlagevermögen:**		
	I.	**Immaterielle Vermögensgegenstände:**	
		1.	Selbst geschaffene gewerbliche Schutzrechte und ähnliche Rechte und Werte;
		2.	entgeltlich erworbene Konzessionen, gewerbliche Schutzrechte und ähnliche Rechte und Werte sowie Lizenzen an solchen Rechten und Werten;
		3.	Geschäfts- oder Firmenwert;
		4.	geleistete Anzahlungen;
	II.	**Sachanlagen:**	
		1.	Grundstücke, grundstücksgleiche Rechte und Bauten einschließlich der Bauten auf fremden Grundstücken;
		2.	technische Anlagen und Maschinen;
		3.	andere Anlagen, Betriebs- und Geschäftsausstattung;
		4.	geleistete Anzahlungen und Anlagen im Bau;
	III.	**Finanzanlagen:**	
		1.	Anteile an verbundenen Unternehmen;
		2.	Ausleihungen an verbundene Unternehmen;
		3.	Beteiligungen;

4. Ausleihungen an Unternehmen, mit denen ein Beteiligungsverhältnis besteht;
5. Wertpapiere des Anlagevermögens;
6. sonstige Ausleihungen.

B. Umlaufvermögen:

I. Vorräte:

1. Roh-, Hilfs- und Betriebsstoffe;
2. unfertige Erzeugnisse, unfertige Leistungen;
3. fertige Erzeugnisse und Waren;
4. geleistete Anzahlungen;

II. Forderungen und sonstige Vermögensgegenstände:

1. Forderungen aus Lieferungen und Leistungen;
2. Forderungen gegen verbundene Unternehmen;
3. Forderungen gegen Unternehmen, mit denen ein Beteiligungsverhältnis besteht;
4. sonstige Vermögensgegenstände;

III. Wertpapiere:

1. Anteile an verbundenen Unternehmen;
2. sonstige Wertpapiere;

IV. Kassenbestand, Bundesbankguthaben, Guthaben bei Kreditinstituten und Schecks.

C. Rechnungsabgrenzungsposten.

D. Aktive latente Steuern.

E. Aktiver Unterschiedsbetrag aus der Vermögensverrechnung.

Abbildung 4: Gliederung der Aktivseite der Handelsbilanz.

2.4.2 Passivseite

Die Passivseite der Bilanz zeigt die **Mittelherkunft** oder auch das Kapital des Unternehmens. Hier werden also sämtliche Mittel ausgewiesen, die der Gesellschaft vom Unternehmer, den Gesellschaftern oder Dritten überlassen wurden.

Auch die Passivseite gliedert sich in zwei große Gruppen von Bilanzpositionen, das **Eigenkapital** und das **Fremdkapital**. Das Eigenkapital wird dem Unternehmen ohne zeitliche Begrenzung zur Verfügung gestellt. Es erfährt Wertveränderungen entweder durch Zuführungen von außen oder durch das Jahresergebnis. Sein Wert kann durch die Subtraktion sämtlicher Schulden (Fremdkapital) vom Gesamtvermögen ermittelt werden. Als Fremdkapital werden alle Verbindlichkeiten des Unternehmens bezeichnet. Rückstellungen werden gebildet, wenn Verbindlichkeiten bereits entstanden sind, deren Höhe und Fälligkeit aber noch nicht abzusehen ist. Auch sie sind dem Fremdkapital zuzuordnen.

Eigenkapital

Im Eigenkapital werden folgende Positionen ausgewiesen:
1. Das **gezeichnete Kapital** entspricht bei der AG dem Grundkapital und bei der GmbH dem Stammkapital. Es ist das Haftungskapital, mit dem die Gesellschafter gegenüber den Gläubigern haften.
2. Die **Kapitalrücklage** bezeichnet die Aufschläge auf den Nennwert, die bei der Ausgabe von Aktien, Wandelschuldverschreibungen oder Optionsanleihen (Agio) vereinnahmt werden.
3. Als **Gewinnrücklagen** dürfen Beträge ausgewiesen werden, welche im laufenden oder in einem früheren Geschäftsjahr aus dem Geschäftsergebnis gebildet wurden.
4. Der **Gewinn-/Verlustvortrag** ist der Teil des Jahresüberschusses eines oder mehrerer Vorjahre, der noch keiner Verwendung zugeführt wurde. Er wurde also weder in die Rücklagen eingestellt, noch ausgeschüttet oder zum Ausgleich eines Fehlbetrags aus dem laufenden Geschäftsjahr verwendet.
5. Die Position **Jahresüberschuss/Jahresfehlbetrag** ist nur dann in die Bilanz aufzunehmen, wenn sie vor der Entscheidung über die Verwendung des Jahresergebnisses aufgestellt wird. Falls die Bilanz sie nach teilweiser Ergebnisverwendung erstellt wird, ist sie durch den Posten Bilanzgewinn/Bilanzverlust zu ersetzen.

Rückstellungen

Unter der Position Rückstellungen werden Verbindlichkeiten und drohende Verluste passiviert, die **zum Bilanzstichtag noch ungewiss** sind. Sie beziehen sich auf zukünftige Verbindlichkeiten, die ihre Ursache im abgelaufenen Geschäftsjahr haben, deren Höhe und deren Fälligkeitszeitpunkt aber unbekannt sind. Die Rückstellungen werden dem Fremdkapital zugeordnet.

Fremdkapital/Verbindlichkeiten

Verbindlichkeiten sind rechtsverbindliche Verpflichtungen des Unternehmens gegenüber Dritten, wobei die Höhe und die Fälligkeit am Bilanzstichtag bekannt sind. Sie sind grundsätzlich passivierungspflichtig und gliedern sich in:
1. Anleihen
2. Verbindlichkeiten gegenüber Kreditinstituten;
3. erhaltene Anzahlungen auf Bestellungen;
4. Verbindlichkeiten aus Lieferungen und Leistungen;

5. Verbindlichkeiten aus der Annahme gezogener Wechsel und der Ausstellung eigener Wechsel;
6. Verbindlichkeiten gegenüber verbundenen Unternehmen;
7. Verbindlichkeiten gegenüber Unternehmen, mit denen ein Beteiligungsverhältnis besteht;
8. sonstige Verbindlichkeiten

Weitere Passivpositionen

Analog zur Vermögensseite der Bilanz werden auf der Kapitalseite passive Rechnungsabgrenzungsposten und passive latente Steuern ausgewiesen

Ein **passiver Rechnungsabgrenzungsposten** ist anzusetzen, wenn Einnahmen vor dem Abschlussstichtag erzielt wurden, die erst für das folgende Geschäftsjahr einen Ertrag darstellen.

Passive latente Steuern sind auszuweisen, wenn Vermögensgegenstände in der Handelsbilanz höher als in der Steuerbilanz bewertet wurden.

Die Passivseite der Handelsbilanz hat § 266 Abs. 3 HGB folgende Gliederung:

Passivseite			
A.	**Eigenkapital:**		
	I.	**Gezeichnetes Kapital;**	
	II.	**Kapitalrücklage;**	
	III.	**Gewinnrücklagen:**	
		1.	gesetzliche Rücklage;
		2.	Rücklage für Anteile an einem herrschenden oder mehrheitlich beteiligten Unternehmen;
		3.	satzungsmäßige Rücklagen;
		4.	andere Gewinnrücklagen;
	IV.	**Gewinnvortrag/Verlustvortrag;**	
	V.	**Jahresüberschuss/Jahresfehlbetrag.**	
B.	**Rückstellungen:**		
		1.	Rückstellungen für Pensionen und ähnliche Verpflichtungen;
		2.	Steuerrückstellungen;
		3.	sonstige Rückstellungen.
C.	**Verbindlichkeiten:**		
		1.	Anleihen davon konvertibel;
		2.	Verbindlichkeiten gegenüber Kreditinstituten;
		3.	erhaltene Anzahlungen auf Bestellungen;
		4.	Verbindlichkeiten aus Lieferungen und Leistungen;

5. Verbindlichkeiten aus der Annahme gezogener Wechsel und der Ausstellung eigener Wechsel;
6. Verbindlichkeiten gegenüber verbundenen Unternehmen;
7. Verbindlichkeiten gegenüber Unternehmen, mit denen ein Beteiligungsverhältnis besteht;
8. sonstige Verbindlichkeiten,
davon aus Steuern,
davon im Rahmen der sozialen Sicherheit.

D. Rechnungsabgrenzungsposten.

E. Passive latente Steuern

Abbildung 5: Gliederung der Passivseite der Handelsbilanz.

- Jede Bilanz hat eine Aktiv- und eine Passivseite. Beide Seiten sind wertmäßig immer ausgeglichen.
- Die Aktivseite gliedert sich in die Hauptgruppen Anlagevermögen und Umlaufvermögen.
- Die Passivseite gliedert sich in die Hauptgruppen Eigenkapital und Fremdkapital.
- Die Begriffspaare Einzahlung/Auszahlung, Einnahme/Ausgabe und Ertrag/Aufwand haben im Rahmen der Rechnungslegung unterschiedliche Bedeutungen.

2.5 Grundsätze ordnungsgemäßer Buchführung

Wie werden im Bereich der Rechnungslegung Gesetzeslücken gefüllt oder Fragen der Rechtsauslegung gelöst?
Gibt es allgemeine Prinzipien, die die Möglichkeiten der Jahresabschlussgestaltung beschränken?

Als Grundsätze ordnungsmäßiger Buchführung (GoB) bezeichnet man allgemein anerkannte Regeln für die Führung der Handelsbücher und die Erstellung des Jahresabschlusses. Die Grundsätze sind zumindest teilweise nicht in gesetzlichen Vorschriften kodifiziert. Durch ihre Erwähnung in verschiedenen Normen (zum Beispiel § 238 Abs. 1 HGB, § 243 Abs. 1 HGB oder 264 Abs. 2 HGB) sind sie aber Teil der Rechtsordnung und daher **zwingend zu berücksichtigen**. Die GoB sind eine Ergänzung der in Gesetzen niedergelegten Prinzipien und greifen dann, wenn Gesetzeslücken bestehen oder wenn Rechtsfragen interpretiert und ausgelegt werden müssen.

Zur Systematisierung der GoB existieren unterschiedliche Ansätze. Die im Folgenden dargestellte Aufstellung folgt der Einteilung in obere und untere

GoB. Die aufgeführten Prinzipien geben die oberen GoB wieder. Diese enthalten allgemeine Formulierungen, die dann auf die Behandlung konkreter Fragestellungen in den unteren GoB konkretisiert werden können.

2.5.1 Grundsatz der Richtigkeit und Willkürfreiheit

Der Grundsatz der Richtigkeit fordert, dass der Jahresabschluss in **nachprüfbarer, objektiver Form** auf der Basis ordnungsgemäß geführter Bücher und wohldokumentierter Belege aufgestellt wird. Die einzelnen Positionen müssen die tatsächlichen Gegebenheiten widerspiegeln und die Werte nach den sonstigen GoB ermittelt worden sein. Falls Schätzwerte anzusetzen sind, sollten diese innerhalb objektiv bestimmbarer sachbezogener Grenzen liegen. Nach dem Grundsatz der Willkürfreiheit müssen Schätzungen auf Annahmen beruhen, die der Bilanzierende für die wahrscheinlichsten hält. Außerdem dürfen keine Bilanzmanipulationen vorgenommen werden.

2.5.2 Grundsatz der Klarheit

Der Grundsatz der Klarheit regelt die äußere Form der Aufzeichnungen in der Buchführung und im Jahresabschluss. Alle Geschäftsvorfälle, Bilanzpositionen und Erfolgsbestandteile sind klar zu bezeichnen und nach **Übersichtlichkeits- beziehungsweise Verständlichkeitsgesichtspunkten** zu ordnen. Das bedeutet, dass insbesondere die Gliederungsvorschriften für die Bilanz und die GuV einzuhalten sind. Einem sachkundigen Dritten muss sich ein zutreffendes Bild der Unternehmenssituation erschließen.

Aus dem Grundsatz der Klarheit leiten sich die zwei folgenden Prinzipien ab:

Prinzip der Einzelbewertung

Alle Vermögensgegenstände und Schulden müssen einzeln erfasst und bewertet werden.

Saldierungsverbot

Aktiv- und Passivpositionen beziehungsweise Erträge und Aufwendungen dürfen nicht untereinander verrechnet werden

2.5.3 Grundsatz der Vollständigkeit

Dieser Grundsatz besagt, dass die Geschäftsvorfälle in der Buchhaltung **lückenlos** erfasst und in die Erstellung des Jahresabschlusses einbezogen werden müssen. Weiterhin müssen alle Informationen berücksichtigt werden, die bis zur Erstellung des Jahresabschlusses bekannt werden. Aus dem Grundsatz der Vollständigkeit leitet sich die Forderung nach Bilanzidentität ab.

Bilanzidentität

Die **Schlussbilanz** einer Berichtsperiode entspricht der **Anfangsbilanz** der Folgeperiode. Nur unter dieser Voraussetzung ist gewährleistet, dass der Jahresabschluss alle während der Berichtsperiode eingetretenen Vermögensänderungen enthält.

2.5.4 Abgrenzungsgrundsätze

Aufbauend auf dem Grundsatz der Vollständigkeit legen die Abgrenzungsgrundsätze fest, welche Vermögensänderungen einer bestimmten Periode zuzurechnen sind. Folgende vier Prinzipien sind hierbei von Bedeutung:

Realisationsprinzip

Umsatzerlöse gelten erst als realisiert, wenn die Lieferung der Ware erbracht oder die Dienstleistung beendet ist. Bis zu diesem Zeitpunkt sind die Unternehmenserzeugnisse höchstens mit ihren Anschaffungs- oder Herstellungskosten zu bewerten. Da sich der Gewinn der Leistungserbringung aus der Differenz zwischen Anschaffungs- oder Herstellungskosten und dem Verkaufspreis ergibt, bestimmt das Realisationsprinzip den Zeitpunkt, zu dem ein Gewinn entstanden ist.

Sachliche Abgrenzung

Eng mit dem Realisationsprinzip verbunden ist das Prinzip der sachlichen Abgrenzung. Es besagt, dass die mit der Leistungserbringung verbundenen Aufwendungen in derjenigen Abrechnungsperiode wertmindernd zu erfassen sind, in der die sachlich zugehörigen Erträge realisiert werden.

Zeitliche Abgrenzung

Das Prinzip der zeitlichen Abgrenzung fordert, dass streng zeitraumbezogene Vermögensänderungen, wie zum Beispiel Mieteinnahmen oder Zinsausgaben, der Periode zugerechnet werden, in der sie ursächlich entstanden sind. Der Zeitpunkt in dem die Zahlung erfolgte ist also nicht Ausschlag gebend.

Vermögensänderungen ohne Leistungsbezug, wie zum Beispiel erhaltene Schenkungen oder Währungsverluste, werden hingegen der Periode zugerechnet, in der sie angefallen sind.

Imparitätsprinzip

Aus Gründen des Gläubigerschutzes verlangt das Imparitätsprinzip eine Ungleichbehandlung von Gewinnen und Verlusten. Während Wertsteigerungen erst mit ihrer Realisation verbucht werden, sind Verluste bereits dann auszuweisen, wenn sie hinreichen wahrscheinlich sind. Das gilt auch, wenn die Umstände erst nach dem Bilanzstichtag aber vor dem Tag der Aufstellung des Jahresabschlusses bekannt geworden sind.

2.5.5 Grundsatz der Stetigkeit

Der Grundsatz der Stetigkeit bestimmt, dass die Jahresabschlüsse eines Unternehmens stets unter der Verwendung der **gleichen Gliederungsschemata und -begriffe** aufzustellen sind (formelle Bilanzstetigkeit). Außerdem sind die einzelnen Positionen auf die immer **gleiche Weise mengen- und wertmäßig** zu erfassen (materielle Bilanzstetigkeit). Sollten Änderungen notwendig sein, so müssen diese begründet und ihre Auswirkungen dargelegt werden.

Der Grundsatz der Stetigkeit sorgt für die Vergleichbarkeit von aufeinander folgenden Jahresabschlüssen. Er ist damit die Grundlage der Beobachtung der Unternehmensentwicklung im Zeitablauf.

2.5.6 Grundsatz der Vorsicht

Dieser Grundsatz wird aus den Notwendigkeiten des Gläubigerschutzes abgeleitet. Er gebietet die vorsichtige Bewertung der Vermögensgegenstände und Schulden. Dadurch soll vermieden werden, dass der Jahresabschluss ein zu optimistisches Bild der Unternehmung zeigt. Da sowohl das Realisations- als auch das Imparitätsprinzip den **vorsichtigen Wertansatz** regeln, gelten sie auch als inhaltliche Ausprägung des Vorsichtsprinzips.

Die Grundsätze ordnungsmäßiger Buchführung sind zumindest teilweise nicht gesetzlich kodifiziert. Trotzdem sind sie zwingend im Rahmen der Auslegung von Rechnungslegungsnormen oder bei Fragen des Umgangs mit Gesetzeslücken zu berücksichtigen.

3 Immaterielle Güter

3.1 Begriffliche Abgrenzung, Bedeutung für die betriebliche Leistungserstellung und Charakterisierung

Wie grenzt man immaterielle Güter von materiellen oder finanziellen Werten ab?
Welche Arten immaterieller Güter gibt es?
Haben immaterielle Güter spezielle Eigenschaften?

Es existiert eine Vielzahl von Begriffen, die in der Literatur und Praxis synonym für den Begriff immaterielle Güter gebraucht werden, zum Beispiel: immaterielle Vermögensgegenstände, immaterielle Vermögenswerte, immaterielle Wirtschaftsgüter, intangible assets, immaterielle Werte, intellektuelles Kapital, intellectual capital etc.[4]

Die ersten vier Begriffe dieser Aufzählung kommen aus der Terminologie der Rechnungslegung. Sie bezeichnen die immateriellen Vermögensbestandteile in verschiedenen Rechnungslegungssystemen und sollten daher im jeweiligen Kontext richtig verwendet werden:

- die Bezeichnung Immaterieller Vermögensgegenstand wird in der handelsrechtlichen Rechnungslegung nach HGB verwendet,
- der Begriff immaterielles Wirtschaftsgut kommt aus dem deutschen Steuerrecht und
- von einem immateriellen Vermögenswert/intangible asset sprechen die internationalen Rechnungslegungsstandards IFRS/IAS.

Als immaterielle Güter bezeichnet man Güter, die **stofflos** und **nichtmonetär** sind, die aber trotzdem ein wirtschaftliches **Nutzenpotenzial** verkörpern:

- Immaterielle Güter unterscheiden sich von Materiellen also dadurch, dass sie keine physische Substanz aufweisen. Das heißt nicht, dass immaterielle Wert nicht auch eine physische Repräsentanz haben können (zum Bei-

4 Wurzer/Reinhardt 2009, Rdn. 29 ff., S. 24 ff.

spiel Software auf CD, Liefervertrag als Papierdokument). Das wesentliche Element des Gutes ist aber im immateriellen Anteil zu suchen.
- Auch finanzielle Werte sind in der Regel durch ihre fehlende körperliche Substanz gekennzeichnet. Sie werden daher durch das Kennzeichen nichtmonetär von den immateriellen Gütern abgegrenzt.
- Damit die immateriellen Güter einen Wert im betriebswirtschaftlichen Sinn darstellen, müssen sie ein wirtschaftliches Nutzenpotenzial aufweisen. Das bedeutet das immaterielle Gut muss dazu beitragen, dass der Inhaber zukünftig zusätzliche Erlöse aus dem Verkauf von Produkten oder Dienstleistungen erzielen, oder Kosteneinsparungen realisieren kann.

Vor dem Hintergrund der zunehmenden **Dematerialisierung** ökonomischer Prozesse gewinnen immaterielle Güter stetig an Bedeutung. Die Produkte werden leistungsfähiger aber trotzdem immer kleiner und leichter und damit mit einem kleineren Verbrauch an Rohstoffen hergestellt. Das bedeutet, dass sich der wirtschaftliche Wertanteil der Produkte von den greifbaren Elementen hin zu den immateriellen Anteilen verschiebt. Das Wissen, »Wie« man etwas tut und wie man die knapper werdenden Ressourcen intelligent zur Befriedigung von Kundenbedürfnissen einsetzt, wird immer wichtiger. Aus diesem Grund investieren Unternehmen mittlerweile höhere Geldbeträge in die Schaffung oder Akquise immaterieller Güter als in materielle Werte.

Es gibt eine Reihe von Möglichkeiten der Strukturierung immaterieller Güter. Der Vorschlag des Arbeitskreises »Immaterielle Werte im Rechnungswesen« der Schmalenbach-Gesellschaft für Betriebswirtschaft sieht beispielsweise folgende **funktionale Struktur** vor[5]:
- Innovation capital (zum Beispiel Patente, Software, ungeschützte Rezepturen oder Filme),
- human capital (zum Beispiel Inhärentes Wissen, Experten Know-how, gutes Betriebsklima)
- customer capital (zum Beispiel Marken, Kundenlisten, Marktanteile, Kundenzufriedenheit, Abnahmeverträge),
- supplier capital (zum Beispiel Verträge zum Bezug von Rohstoffen),
- investor capital (zum Beispiel Gute Kreditkonditionen),
- process capital (zum Beispiel Vertriebsnetz, Qualitätssicherung, Kommunikationsnetz) und
- location capital (zum Beispiel Standortvorteile durch Verkehrsanbindung, Steuervorteile).

Diese Gliederung stellt sehr anschaulich die verschiedenen Erscheinungsformen immaterieller Güter dar. Sie trifft aber keine Aussagen zu den im weiteren Verlauf wesentlichen Fragen der **Identifizierbarkeit** und **Abgrenzbarkeit**. Hierfür ist wiederum die in Abbildung 6 gezeigte Struktur hilfreich.

5 Arbeitskreis (2001): S. 990 f.

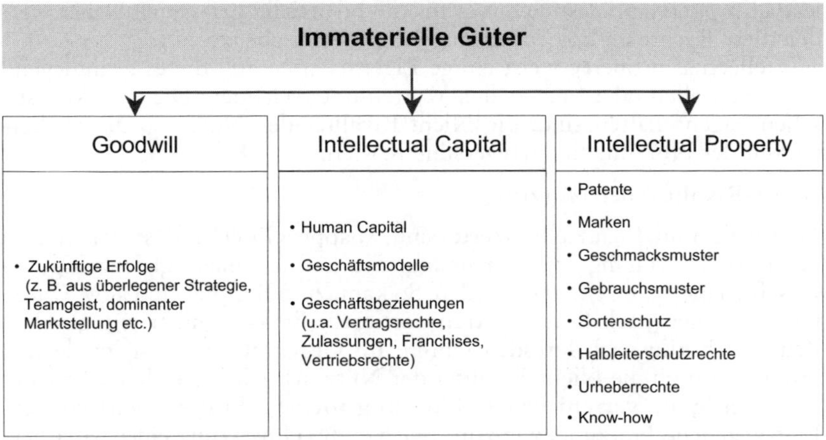

Abbildung 6: Übersicht zur Strukturierung der immateriellen Güter.[6]

Die hier abgebildete Gliederung strukturiert die immateriellen Güter nach ihrer Greifbarkeit. Im sogenannten Goodwill sind diejenigen Positionen enthalten, die in ihrer Wirkung nicht gegen andere Güter abgrenzbar sind, wie zum Beispiel Managementqualitäten oder eine überlegene Strategie. Technisch ist der Goodwill der Betrag, um den der Ertragswert eines Unternehmens seinen Substanzwert übersteigt. Findet zum Beispiel ein Unternehmenskauf statt, so wird der Erwerber seine Preisbereitschaft anhand des zukünftigen Nutzens bestimmen, den er aus der Unternehmensakquise erwartet. Zieht man von diesem Ertragswert den Wert aller im Unternehmen enthaltenen einzeln identifizierbaren und bewertbaren Güter ab, so erhält man den Goodwill. Unter intellectual capital im Sinne dieser Abbildung sind dagegen diejenigen immateriellen Güter zu verstehen, die zwar identifizierbar, aber nur schwer voneinander abzugrenzen sind. Außerdem besteht an den als intellectual capital bezeichneten Gütern keine oder eine stark eingeschränkte Verfügungsmacht des Unternehmens. Gut ausgebildete Mitarbeiter zum Beispiel, die hier unter den Oberbegriff human capital fallen, stehen nicht im Eigentum des Unternehmens. Sie können dieses verlassen und ihr Wissen in ein anderes Unternehmen einbringen. Intellectual property (IP), oder auch geistiges Eigentum ist hingegen durch eine Rechtsposition vor dem Zugriff Dritter geschützt. In diese Kategorie fallen die Instrumente des gewerblichen Rechtsschutzes, wie beispielsweise Patente oder Marken, des Urheberrechts und verwandte Schutzrechte. Der Umfang dieser Rechte ist klar umrissen. Sie sind daher einfach und präzise gegen andere immaterielle Güter abgrenzbar. Die Eigentümerstellung und die Isolierbarkeit von intel-

6 Quelle: Ch'ang/Yastreboff (2003): S. 33.

lectual property prädestinieren es für die bilanzielle Erfassung. Daher werden diese Rechte im Folgenden eingehend beschrieben.

Intellectual property weist einige Eigenschaften auf, die es grundlegend von materiellen oder finanziellen Werten unterscheiden. Die charakteristischen Eigenschaften sind: die Nicht-Rivalität der Nutzung, die Skalierbarkeit der Nutzung und irreversible Kosten.[7]

Nicht-Rivalität der Nutzung

Materielle und finanzielle Werte sind knappe Güter und stehen nur in begrenztem Umfang zur Verfügung. Sie können nicht gleichzeitig auf verschiedene Arten genutzt werden. So kann zum Beispiel ein LKW Waren von München nach Stuttgart transportieren. Er kann nicht zur gleichen Zeit von Berlin nach Dresden fahren. Im Gegensatz dazu ist intellectual property durch die Nicht-Rivalität der Nutzung gekennzeichnet. Es kann **gleichzeitig in verschiedenen Nutzungsformen** Erlöse erwirtschaften. Eine gegebene Nutzung, wie zum Beispiel die Umsetzung einer patentierten Technologie in eigenen Produkten schließt die Vergabe einer Nutzungslizenz an Dritte nicht aus.

Skalierbarkeit der Nutzung

Der Grad der Nutzung materieller und finanzieller Werte ist auf ein Maximum begrenzt. Eine Produktionsanlage kann beispielsweise nur bis zu ihrem Produktionsmaximum belastet werden. Eine solche Limitierung in der Nutzung geistigen Eigentums besteht nicht. Die Nutzung eines Patents ist zum Beispiel nur vom Marktvolumen der durch das Patent geschützten Produkte abhängig, nicht von dem Schutzrecht selbst.

Irreversible Kosten

Ähnlich wie einige materielle Güter ist intellectual property normalerweise auf **hochspezifische Verwendung** festgelegt. Das bedeutet, dass es seinen wirtschaftlichen Nutzen nur in einer sehr speziellen Umgebung und Nutzung voll entfalten kann. Zum Beispiel ist eine bestimmte Rezeptur für die Zusammensetzung eines Industrieklebstoffs mit spezifischen Temperaturbeständigkeits- oder Elastizitätseigenschaften für das Verkleben von Teilen im KFZ-Motorraum zunächst nur in dieser Umgebung einsetzbar. Eine weitere Verwendung außerhalb dieses Kontexts ist oftmals nicht möglich. Daher können hier einmal in die Entwicklung getätigte Investitionen nicht mehr rückgängig gemacht beziehungsweise durch eine Zweitverwertung liquidiert werden.

7 Wurzer/Reinhardt 2009, Rdn. 34 ff., S. 26 ff.

- Immaterielle Güter gibt es in vielen unterschiedlichen Ausprägungen und Funktionen.
- Das geistige Eigentum oder intellectual property umfasst die Instrumente des gewerblichen Rechtsschutzes, des Urheberrechts und verwandte Schutzrechte. Durch den eng umrissenen rechtlichen Schutz ist geistiges Eigentum abgrenzbar und identifizierbar.
- Intellectual property hat spezielle wirtschaftliche Eigenschaften, die es von materiellen oder finanziellen Werten maßgeblich unterscheiden.

3.2 Rechte

Was verbirgt sich hinter den Begriffen »gewerblicher Rechtschutz und Urheberrecht«?
Welche mit diesen Begriffen verbundenen Rechte können seit dem BilMoG aktiviert werden?

Gewerblicher Rechtsschutz

Mit dem Begriff »**gewerblicher Rechtsschutz**« wird gemeinhin das Rechtsgebiet bezeichnet, das sich mit den Schutzrechten befasst. Die bekanntesten Schutzrechte sind **Patente** und Marken.

Gemeinsames Charakteristikum aller **Schutzrechte** ist, dass sie ein Monopol für den geschützten Gegenstand, die Erfindung, das Verfahren, die Marke, etc. verschaffen. Das **Monopol** drückt sich aus in dem durch das Schutzrecht verliehenen Verbietungsrecht für jegliche Nutzung durch Dritte. Allein der Inhaber des Schutzrechts ist befugt, das Geschützte zu nutzen, zu verkaufen, etc.

Es ist nicht immer einfach, das in der Theorie gegebene Monopol beziehungsweise Verbietungsrecht in der Praxis auch durchzusetzen. Außerdem kann eine überragende Marktstellung auch ohne ein Schutzrecht erreicht werden, etwa dadurch, dass man als erster auf dem Markt ist.

Früher wurden Monopole vom König verliehen. Mit Aufkommen der Industrialisierung beziehungsweise der Marktwirtschaft und dem Aufstieg des Bürgertums gerieten diese Privilegien unter politischen Druck. Allzu oft wurden Monopole einem Günstling des Königs verliehen, etwa Giacomo Casanova das Monopol für die französische Lotterie – eine Lizenz zum Gelddrucken. Außerdem führten Monopole zu überhöhten Preisen – zum Schaden des Gemeinwohls.

Dennoch bildete sich beginnend mit dem 15. Jahrhundert ein Monopolwesen für sozusagen erwünschte Erfindungen heraus, um damit den Erfinder anzuspornen und zu belohnen. Aus der Perspektive des Gemeinwohls ist es wünschenswert, dass Anstrengungen oder Investitionen zum Erreichen neuer Erfindungen unternommen werden. Es ist daher aus der Perspektive des Gemeinwohls sinnvoll, hierfür einen Anreiz zu schaffen.[8]

Sehr früh bildete sich jedoch als Gegenleistung heraus, dass der Erfinder und Monopol-Inhaber der Gemeinschaft gegenüber seine Erfindung veröffentlichen musste, sodass diese sich verbreiten konnte.

Von Anfang an wurde das Monopol auch nur für eine bestimmte Zeit verliehen.

Heutzutage kennen wir in Deutschland und Europa – und in den meisten Ländern der Erde – die in Tabelle 6 aufgeführten Schutzrechte. Wir werden weiter unten näher auf diese eingehen.

Patente
Marken
Geschmacksmuster
Gebrauchsmuster
Sortenschutz
Halbleiterschutzrechte

Tabelle 6: Übersicht der gewerblichen Schutzrechte.

Urheberrecht

Das Urheberrecht schützt den Schöpfer eines Werks beziehungsweise sein Werk. Wiederum ist nur er befugt, das Werk wirtschaftlich zu nutzen.

Der Begriff des **Werks** ist vielfältig. Neben künstlerischen, zum Beispiel literarischen Werken, fällt unter anderem auch programmierter **Software-Code** unter das Urheberrecht (§ 69 a UrhG).

Urheberrechtliche Werke sind zum Beispiel:
- Kunstwerke,
- Romane,

8 Die Sinnhaftigkeit zum Beispiel eines Patentwesens für ein Gemeinwohl ist historisch stark umkämpft gewesen und ist immer wieder Gegenstand von politischen Debatten. In jüngster Zeit konnte dies gleich mehrfach beobachtet werden, zum Beispiel im Bereich der Gentechnologie und der Software-Patentierung.

- Gedichte,
- Filme,
- Gemälde und Fotografien,
- bildhauerische Werke,
- Zeitungsartikel,
- Computer-Programme,
- Stühle von Le Corbusier, etc.

§ 248 Abs. 2 HGB hält sich hinsichtlich der Urheberrechte begrifflich sehr bedeckt; gleiches gilt für die Gesetzesbegründung[9]. § 248 Abs. 2 HGB spricht lediglich von *»Drucktitel,* ***Verlagsrechte*** *[...] oder vergleichbare immaterielle Vermögensgegenstände des Anlagevermögens«*. Die Aufzählung ist also nur beispielhaft und nicht abschließend. Und was »**vergleichbare immaterielle Vermögensgegenstände des Anlagevermögens**« sind, bleibt wohl der Klärung durch Rechtsprechung und Literatur überlassen.

Für die beispielhaft aufgezählten Urheberrechte gilt allerdings gem. § 248 Abs. 2 Satz 2 HGB ein **Aktivierungsverbot**. Gleiches gilt für Marken.

Der Grund für dieses Aktivierungsverbot liegt einerseits in einer internationalen Harmonisierung. Andererseits wird befürchtet, dass die ohnehin schwierige Abgrenzung von zu aktivierenden Aufwendungen, die zum Beispiel einer Marke zugerechnet werden können, kaum sauber von etwa **Marketing-Aufwendungen** getrennt werden können.[10]

Voraussetzungen für die Aktivierung

Voraussetzung für die Aktivierung ist stets die so genannte **Vermögensgegenstandseigenschaft**, also die Frage, ob der zu aktivierende Gegenstand verkauft werden kann. Bezogen auf Schutzrechte und Urheberrechte stellt sich damit die Frage, ob das zu aktivierende Schutzrecht auch einzeln verkauft oder verwertet werden kann.

Nicht selten hängen Schutzrechte untrennbar mit anderen Schutzrechten, Technologien oder Know-how zusammen, sodass sie nicht einzelnen verkauft werden können. Dieses würde eine Aktivierung ausschließen.

Außerdem muss das zu aktivierende Recht auch vereinzelbar sein, insbesondere von anderen Vermögensgegenständen, Rechten und dem Firmenwert als Ganzes isolierbar sein.

Da »selbst geschaffene immaterielle Vermögensgegenstände des Anlagevermögens« gemäß § 255 Abs. 2a HGB im ersten Jahr mit den **Entwick-**

9 Gesetzesbegründung, Bundesrats-Drucksache 344/08, S. 106 ff.
10 Gesetzesbegründung, Bundesrats-Drucksache 344/08, S. 107, letzter Absatz bis S. 108, erster Absatz.

lungskosten zu bewerten sind, gilt es also zu klären, ob die Entwicklungskosten für den zu aktivierenden Gegenstand von den sonstigen Entwicklungskosten separiert werden können.

Voraussetzungen für die Aktivierung eines Schutzrechts oder Urheberrechts

– Vermögensgegenstandseigenschaft
– abstrakte Aktivierungsfähigkeit
  – selbstständige Verwertbarkeit,
  – bilanzielle Greifbarkeit
  – selbstständige Bewertbarkeit
– konkrete Aktivierungsfähigkeit
  – kein konkretes Bilanzierungsverbot
  – selbstständige Bewertbarkeit

Tabelle 7: Voraussetzung für die Aktivierung.

Das Vorliegen eines immateriellen Vermögensgegenstands, etwa die Tatsache, dass eine Patentanmeldung bereits hinterlegt wurde und damit geschaffen wurde, ist übrigens keine zwingende Voraussetzung für die Aktivierung. Der Vermögensgegenstand muss nur »sehr wahrscheinlich in Vorbereitung sein«[11]. »Sehr wahrscheinlich« ist die Vorbereitung unter folgenden Voraussetzungen:

1. Der aus der Entwicklungsphase resultierende Vermögensgegenstand muss technisch realisierbar sein.
2. Im Unternehmen besteht die Absicht, den Vermögensgegenstand fertig zu stellen.
3. Das Unternehmen ist in der Lage, den immateriellen Vermögenswert zu nutzen oder zu verkaufen.
4. Das Unternehmen kann den Nachweis des zukünftigen wirtschaftlichen Nutzens erbringen.
5. Das Unternehmen ist in der Lage, nachzuweisen, dass es über ausreichend technische, finanzielle und sonstige Ressourcen zur Fertigstellung und anschließenden Verwendung verfügt.
6. Das Unternehmen ist in der Lage, in der Entwicklungsphase angefallene Ausgaben verlässlich zu bewerten.

11 Gesetzesbegründung, Bundesrats-Drucksache 344/08, S. 130.

Die Zusammenfassung lässt sich für dieses Kapitel vielleicht am besten in Form einer Tabelle geben:

Immaterielle Vermögensgegenstände des Anlagevermögens	**Dürfen aktiviert werden**	**Dürfen nicht aktiviert werden**
Gewerbliche Schutzrechte		
Patente	✓	
Marken		✓
Geschmacksmuster	✓	
Gebrauchsmuster	✓	
Sortenschutz	✓	
Halbleiterschutzrechte	✓	
Urheberrechte		
Verlagsrechte		✓
Software	✓	

Tabelle 8: Übersicht über gewerbliche Schutzechte und Urheberrechte.

Hierauf sollten Sie achten:

Das Vorliegen der Aktivierungsvoraussetzungen, insbesondere der selbstständigen Verwertbarkeit.

3.3 Gewerbliche Schutzrechte

Was ist das Besondere an gewerblichen Schutzrechten? Wodurch können sie so eine hohe Bedeutung erlangen?

Die besonderen Wirkungen

Das Besondere an gewerblichen Schutzrechten sind die **Verbietungsrechte,** die von ihnen abgeleitet werden können. Die folgende Tabelle listet die Ansprüche auf, die üblicherweise aus einem gewerblichen Schutzrecht abgeleitet werden können.

Anspruch	Zugehörige Norm zum Beispiel im Patentgesetz
Unterlassung	§ 139 Abs. 1 PatG
Rückruf verletzender Produkte	§ 140 a Abs. 3 PatG
Vernichtung schutzrechtsverletzender Gegenstände	§ 140 a Abs. 1 PatG
Besichtigung der potentiell verletzenden Produkte	§ 140 c, § 142 a Abs. 2 Satz 3 PatG
Auskunft über Lieferanten und Kunden	§ 140 b PatG
Auskunft über Preise und Umsätze mit schutzrechtsverletzenden Gegenständen	§ 140 b Abs. 3 Nr. 2, § 140 c Abs. 1 Satz 2, § 140 d PatG
Schadensersatz in nicht unerheblichem Umfang	§ 139 Abs. 2 PatG
einstweilige Verfügungen	§§ 935 bis 945 ZPO
Grenzbeschlagnahme	§ 142 a und b PatG
Beschlagnahme auf einer Messe mit Hilfe der Polizei oder des Zolls	§ 142 Abs. 5, § 142 a und b PatG

Tabelle 9: Mögliche Rechte aus gewerblichen Schutzrechten.

Infolge dieser zentralen Rechte kann – zumindest theoretisch – mit Hilfe eines gewerblichen Schutzrechts ein **Monopol** aufgebaut werden, mit dessen Hilfe entsprechende Monopolgewinne erzielt werden können. Außerdem ist der Inhaber eines Schutzrechts in der Position, **Lizenzen** zu vergeben (Näheres dazu weiter unten).

Der Weg zum Schutzrecht

Ein Schutzrecht entsteht durch eine entsprechende **Anmeldung** beim **Patentamt.** Die Anmeldung wird evtl. veröffentlicht.

Dieser folgt bei Patenten und Marken eine **Prüfung**. Gebrauchsmuster und Geschmacksmuster werden ohne Prüfung eingetragen. Am Ausgang der Prüfung steht entweder die **Zurückweisung** oder die **Eintragung** beziehungsweise Erteilung.

Anmelden kann man alles. Sie können zum Beispiel eine Patentanmeldung hinterlegen, die die Erfindung des Autos beschreibt. D. h. Sie tun so, als hätten Sie das Auto erfunden. Ihnen werden dafür auch ein Aktenzeichen und ein Datum zugeteilt. Sie haben dann eine Patentanmeldung für das Auto. Diese wird auch veröffentlicht werden. Sie werden allerdings kein Patent für Ihre Anmeldung erteilt bekommen.

Es ist daher wichtig, zwischen Anmeldungen und geprüften Rechten zu unterscheiden. Anmeldungen können werthaltig sein oder auch nicht.

Diese Erfahrung musste eine Wirtschaftsprüfungsgesellschaft schmerzlich machen, die eine Reihe von Patentanmeldungen wie erteilte Patente behandelt hatte und auf einen Wert von 2 Mio. € kam. Tatsächlich waren die Patentanmeldungen eher schwach, d. h. sie hatten geringe Erfolgsaussichten. Zusätzlich gab es Unstimmigkeiten bei der Inhaberschaft. Das Unternehmen ging in die Insolvenz. Der Wert konnte nicht realisiert werden. Die Wirtschaftsprüfungsgesellschaft wurde zu erheblichem Schadensersatz verurteilt[12].

Mit der **Veröffentlichung der Erteilung** beziehungsweise Eintragung treten die oben genannten Wirkungen des Schutzrechts ein, also insbesondere die Verbietungsrechte.

Mit der Anmeldung allein treten die genannten Wirkungen des Schutzrechts nicht ein. Von einer reinen Patentanmeldung, beispielsweise, gehen nur sehr eingeschränkte Wirkungen aus.

Die folgende Abbildung veranschaulicht nochmals den Weg zur Erlangung eines Schutzrechts.

12 Landgericht München I, Urteil vom 14.03.2008, Az. 14HK O 8038/06 – falscher Patentwert, Mitt. 2008, 377.

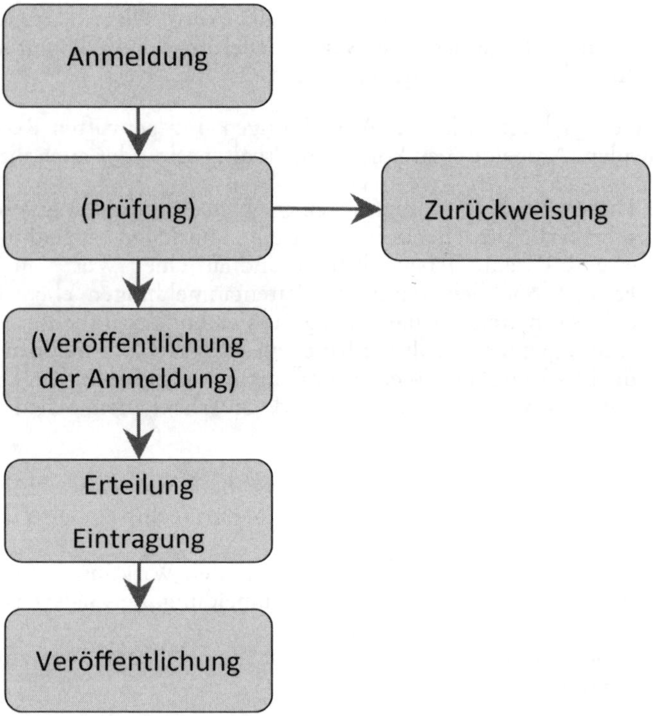

Abbildung 7: Entstehung eines Schutzrechts.

Laufzeit

Schutzrechte werden stets für eine bestimmte Zeitdauer erteilt beziehungsweise eingetragen. Patente müssen beispielsweise jedes Jahr verlängert werden und können maximal 20 Jahren laufen. Marken werden für jeweils 10 Jahre eingetragen und können beliebig oft, also ewig verlängert werden (Näheres bei den einzelnen Schutzrechten).

Zeitrang

Ein zentraler Begriff beziehungsweise ein entsprechend zentrales Prinzip bei sämtlichen Schutzrechten ist das Prinzip des Zeitrangs. Vereinfacht ausgedrückt, erhält das Schutzrecht, wer es zuerst anmeldet (Wer zuerst kommt, mahlt zuerst.).

Priorität

Damit verbunden ist die so genannte Priorität.

Die Priorität erlaubt es, ein Schutzrecht zum Beispiel zunächst in Deutschland anzumelden, sagen wir am 1.1.2000. Der Anmelder hat dann das Recht, bis einschließlich des 1.1.2001 das Schutzrecht auch in anderen Ländern zu hinterlegen. Innerhalb dieser 12 Monate kann er bei der Hinterlegung des Schutzrechts in einem anderen Land sich auf den Zeitrang der deutschen Erstanmeldung berufen, d. h. auf dem 1.1.2000. Er hat also während der 12 Monate nichts von seinem Zeitrang eingebüßt.

Dies wird üblicherweise dazu eingesetzt, um eine deutsche Anmeldung nach gegebenenfalls erfolgreicher Prüfung auch im Ausland anzumelden. Sollte die Prüfung nicht erfolgreich verlaufen, können die u. U. kostspieligen Auslandsanmeldungen vermieden werden. Die Priorität bringt dem Anmelder also einen Zeitgewinn.

Um etwas genauer zu sein: Die **Prioritätsfrist** beträgt nur für Patente und Gebrauchsmuster 12 Monate. Für Marken und Geschmacksmuster beträgt sie 6 Monate.

Territorialitätsprinzip

Ein weiterer wichtiger Begriff im Bereich der Schutzrechte beziehungsweise ein weiteres zentrales Prinzip ist das Prinzip der Territorialität.

Die Erteilung eines Schutzrechts ist ein hoheitlicher Akt, den in aller Regel nur der jeweilige Staat für sein Staatsgebiet ausüben kann. Insofern werden Schutzrechte in der Regel nur für jeweils ein Land angemeldet beziehungsweise erteilt.

Um hier Vereinfachungen für die Anmelder zu schaffen, wurden in den vergangenen Jahrzehnten verschiedene regionale (zum Beispiel europäische) und internationale Zusammenschlüsse von Ländern für eine gemeinsame Anmeldung beziehungsweise die gemeinsame Eintragung oder Erteilung von Schutzrechten geschaffen. Für die einzelnen Schutzrechtsarten sind diese jedoch unterschiedlich und werden bei den einzelnen Schutzrechten näher erläutert.

Das Zusammenspiel von Territorialität und Priorität führt in der Regel zu der oben bereits erwähnten Vorgehensweise, dass Schutzrechte zunächst im Heimatland, etwa Deutschland, angemeldet werden und erst innerhalb der Prioritätsfrist gegebenenfalls weitere Anmeldungen im Ausland hinterlegt werden.

Es gibt folgende wichtige Schutzrechte:
- Patent
- Marke
- Geschmacksmuster
- Gebrauchsmuster

Die unterschiedlichen Schutzrechte schützen unterschiedliche Gegenstände. Dies ist grob zusammengefasst in der folgenden Tabelle dargestellt.

	Was wird geschützt?	Prüfung	Laufzeit
Patente	Erfindung, technische Lehre	ja	maximal 20 Jahre
Marken	(Produkt-)Name, Logo	ja	jeweils 10 Jahre, ewig verlängerbar
Geschmacksmuster	Design, Form, äußere Erscheinung	nein	maximal 25 Jahre
Gebrauchsmuster	Erfindung, technische Lehre	nein	maximal 10 Jahre
Sortenschutz	Pflanzensorten, Saatgut	ja	maximal 25 beziehungsweise 30 Jahre ab Erteilung
Halbleiterschutzrecht	Design von integrierten Schaltkreisen	nein	maximal 10 Jahre

Tabelle 10: Gewerbliche Schutzrechte.

Es gilt zu unterscheiden:
- ein deutsches Schutzrecht von einem europäischen oder ausländischen.
- ein Gebrauchsmuster von einem Patent.
- ein angemeldetes Schutzrecht von einem erteilten oder eingetragenen Schutzrecht.
- Schlimmsten Falls gilt es auch, ein Patent von einer Marke zu unterscheiden. Denn so manches, was von nicht einschlägig informierten Kreisen als »patentiert« bezeichnet wird, ist bei genauerem Hinsehen durch eine Marke geschützt – wenn überhaupt.

Welchen Begriff sollten Sie gehört haben?
- Priorität

3.3.1 Patent

Patente sind in vielen Unternehmen die zentralen Vermögensgegenstände. Was sollte man über Patente wissen?

Gemäß § 1 Abs. 1 Patentgesetz (PatG) werden

»Patente […] für Erfindungen auf allen Gebieten der Technik erteilt, sofern sie neu sind, auf einer erfinderischen Tätigkeit beruhen und gewerblich anwendbar sind.«

Das ist eigentlich recht klar formuliert. Erfindungen sind technische Lehren. Damit sie dem Patentschutz zugänglich sind, müssen sie auf einem Gebiet der Technik liegen.

Beispiele für patentfähige Erfindungen sind:
- pharmazeutische Wirkstoffe beziehungsweise Arzneimittel,
- weiß leuchtende Dioden,
- nanotechnologische Beschichtungen,
- Fahrer-Assistenz-System für Kraftfahrzeuge,
- mikrobiologische Verfahren etc.

Gemäß § 1 Abs. 1 Patentgesetz können Patente für Erfindungen »auf allen Gebieten der Technik« erteilt werden. Dies ist bei genauerem Hinsehen nicht ganz richtig. Das Patentgesetz kennt diverse Ausnahmen von der Patentierbarkeit.

Ausnahmen von der Patentierbarkeit:
- Entdeckungen sowie wissenschaftliche Theorien und mathematische Methoden (§ 1 Abs. 3 Nr. 1 PatG)
- Spiele (§ 1 Abs. 3 Nr. 3 PatG)
- geschäftliche Tätigkeiten (§ 1 Abs. 3 Nr. 3 PatG) – also keine »business method patents«
- Computerprogramme »als solche« (§ 1 Abs. 3 Nr. 3, Abs. 4 PatG) – eine höchst schwammige und umstrittene Formulierung
- die Wiedergabe von Informationen, also zum Beispiel Bildschirmmasken (§ 1 Abs. 3 Nr. 3 PatG). Dafür kann es aber ein Urheberrecht geben (siehe Kap. 3.4).
- Verfahren zum Klonen von menschlichen Lebewesen (§ 2 Abs. 2 Nr. 1 PatG)
- Verfahren zur Veränderung der genetischen Identität der Keimbahn des menschlichen Lebewesens (§ 2 Abs. 2 Nr. 1 PatG)
- die Verwendung von menschlichen Embryonen zu industriellen oder kommerziellen Zwecken (§ 2 Abs. 2 Nr. 1 PatG)
- Verfahren zur chirurgischen oder therapeutischen Behandlung des menschlichen oder tierischen Körpers (§ 2a Abs. 2 Nr. 2 PatG)
- Diagnostizierverfahren, die am menschlichen oder tierischen Körper vorgenommen werden (§ 2a Abs. 2 Nr. 2 PatG)

Das ist die Situation in Europa beziehungsweise noch genauer: in Deutschland. In den USA sieht es etwa anders aus.

Software kann sowohl durch ein Patent als auch durch das Urheberrecht geschützt sein. Das Urheberrecht schützt den Programm-Code. Das Patent schützt die technische Idee. Allerdings kann nur für »technische« Software ein Patent erteilt werden. Zu erklären, was das genau heißt, sprengt allerdings den hiesigen Rahmen.

Neuheit

Damit ein Patent für eine Erfindung erteilt werden kann, muss diese neu sein. So hieß es in § 1 Abs. 1 Patentgesetz. Dazu heißt es in § 3 Abs. 1 Patentgesetz:

Eine Erfindung gilt als neu, wenn sie nicht zum Stand der Technik gehört. Der Stand der Technik umfasst alle Kenntnisse, die vor dem für den Zeitrang der Anmeldung maßgeblichen Tag durch schriftliche oder mündliche Beschreibung, durch Benutzung oder in sonstiger Weise der Öffentlichkeit zugänglich gemacht worden sind.

Auch das ist eigentlich hinreichend klar formuliert.

Erfindungshöhe

Ferner muss die Erfindung »erfinderisch« sein. Dazu heißt es in § 4 Satz 1 Patentgesetz:

Eine Erfindung gilt als auf einer erfinderischen Tätigkeit beruhend, wenn sie sich für den Fachmann nicht in nahe liegender Weise aus dem Stand der Technik ergibt.

Was der Stand der Technik ist, hatte § 3 PatG ja definiert.

Die Bestimmung der **erfinderischen Tätigkeit** beziehungsweise der nötigen Erfindungshöhe ist natürlich ein sehr umstrittenes Gebiet mit umfassender Rechtsprechung. Diese hier darzustellen, sprengt allerdings den Rahmen.

Aufbau einer Patentanmeldung beziehungsweise einer Patentschrift

Eine Patentanmeldung besteht im Wesentlichen aus drei Teilen:
- **Beschreibung,**
- **Patentansprüche** und
- **Abbildungen**

Die Beschreibung erklärt die Erfindung in Worten und bezieht sich dabei auf die Abbildungen der Patentschrift. Eine Erfindung ist in einem Patent stets so darzustellen, dass ein Fachmann sie nachbauen kann (§ 34 Abs. 4 PatG).

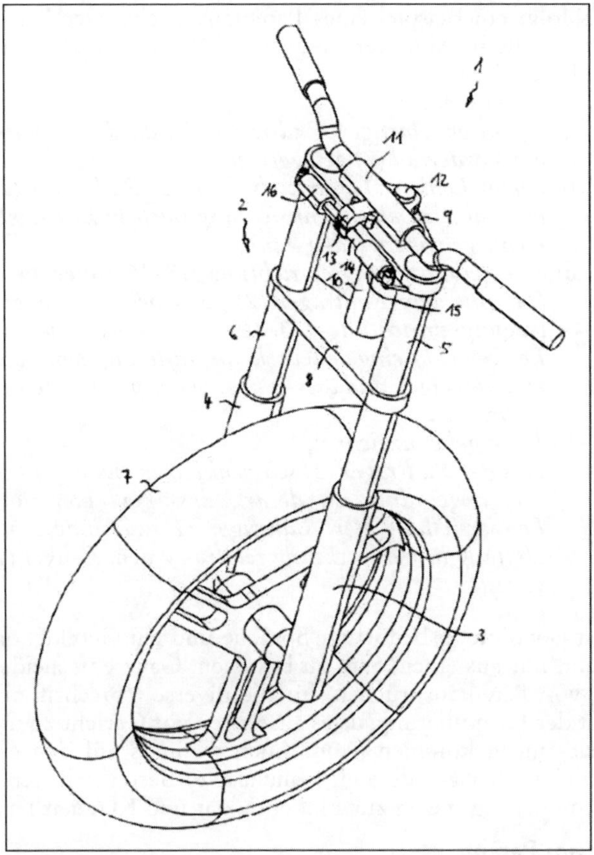

Abbildung 8: Beispiel einer Abbildung eines Patents, hier eine Vorderradgabel eines Motorrads mit einer Übertragungseinrichtung zwischen Lenker und Radträger (aus DE 10 2006 024 327 A1).

Zu den **Patentansprüchen** heißt es:

[…] Patentansprüche, in denen angegeben ist, was als patentfähig unter Schutz gestellt werden soll (§ 34 Abs. 3 Nr. 3 PatG);

und

Der Schutzbereich des Patents und der Patentanmeldung wird durch die Patentansprüche bestimmt (§ 14 Satz 1 PatG).

Sie sind also das zentrale Element, um das sich alles dreht.

Es folgt ein Beispiel eines Patentanspruchs. Der Patentanspruch ist auf die in Abbildung 8 gezeigte Vorderradgabel eines Motorrads gerichtet:

1. *Motorrad, mit*
   a) *einem gabelartigen Radträger (2), an dessen unterem Ende ein Vorderrad (7) gelagert ist,*
   b) *einem Lenker (11), mittels dem der Radträger (2) während der Fahrt in eine Lenkrichtung nach links beziehungsweise rechts gelenkt werden kann,*
   c) *einer Übertragungseinrichtung (13–16), über die der Lenker (11) mit dem Radträger (2) gekoppelt ist, wobei die Übertragungseinrichtung (13–16) dazu vorgesehen ist, in den Lenker (11) eingeleitete Lenkkräfte auf den Radträger (2) zu übertragen und diesen in eine entsprechende Lenkstellung zu bringen;*

   dadurch gekennzeichnet,
   a) *dass der Radträger (2) schwenkbar in Bezug auf den Lenker (11) angeordnet ist, derart, dass bei einer vorgegebenen Lenkerstellung der Radträger (2) zumindest in gewissem Umfang in Lenkrichtung relativ zu dem Lenker (11) bewegbar ist.*

Eine höchst gewöhnungsbedürftige Sprache und ein Gebilde, das krampfhaft versucht, nur aus einem Satz zu bestehen. Ganz entscheidend bei der Abfassung von Patentansprüchen, für die diverse Vorschriften gelten, ist die Klarheit der Formulierung, da es ansonsten vor Gericht zu unterschiedlichen Auslegungen kommen kann. Auch wenn es auf den ersten Blick nicht so scheint, aber gerade einige (nicht alle) Besonderheiten der eigenartigen Formulierung tragen zur Eindeutigkeit und **Klarheit** bei.

Der Weg zum Patent

Der Weg zum Patent ist mehr oder weniger der übliche Weg zur Erlangung eines Schutzrechts. Dies ist in der folgenden Abbildung dargestellt.

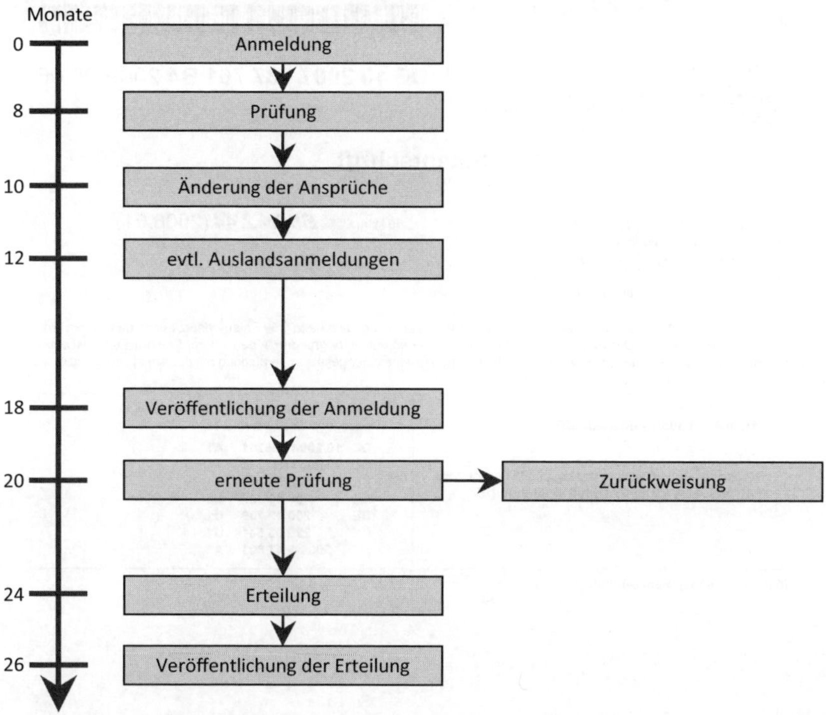

Abbildung 9: Der Weg zum Patent.

Die wesentliche Besonderheit liegt lediglich darin, dass im Rahmen des Prüfungsverfahrens die Patentansprüche geändert werden können, bis sie in einer erteilbaren Fassung vorliegen.

Von der Anmeldung bis zur Veröffentlichung der **Erteilung** vergehen häufig mehrere Jahre.

(19)
Bundesrepublik Deutschland
Deutsches Patent- und Markenamt

(10) **DE 10 2007 037 761 B4** 2009.08.06

(12) **Patentschrift**

(21) Aktenzeichen: **10 2007 037 761.6**
(22) Anmeldetag: **10.08.2007**
(43) Offenlegungstag: **12.02.2009**
(45) Veröffentlichungstag
der Patenterteilung: **06.08.2009**

(51) Int Cl.[8]: ***B60N 2/44*** (2006.01)

Innerhalb von drei Monaten nach Veröffentlichung der Patenterteilung kann nach § 59 Patentgesetz gegen das Patent Einspruch erhoben werden. Der Einspruch ist schriftlich zu erklären und zu begründen. Innerhalb der Einspruchsfrist ist eine Einspruchsgebühr in Höhe von 200 Euro zu entrichten(§ 6 Patentkostengesetz in Verbindung mit der Anlage zu § 2 Abs. 1 Patentkostengesetz).

(73) Patentinhaber:
AUDI AG, 85057 Ingolstadt, DE

(72) Erfinder:
Reuschel, Jens Dietmar, Dr.-Ing., 85053 Ingolstadt, DE; Mahler, Wolfgang, 91809 Wellheim, DE

(56) Für die Beurteilung der Patentfähigkeit in Betracht gezogene Druckschriften:

DE	**10 2004 056361**	**A1**
DE	**10 2004 017366**	**A1**
DE	**100 33 019**	**C1**
DE	**39 09 397**	**C2**
DE	**200 19 739**	**U1**
DE	**296 03 541**	**U1**
JP	**2001-3 47 891**	**A**

(54) Bezeichnung: **Fahrzeugsitz**

(57) Hauptanspruch: Fahrzeugsitz mit einer Rückenlehne, mit einem Sitzpolster und mit einer Haltevorrichtung, welche ein in der Gebrauchsstellung der Haltevorrichtung auf der Rückenlehne ruhendes Halteband aufweist, an dessen dem Sitzpolster zugewandten Ende ein Halteelement angebracht ist, dadurch gekennzeichnet, dass das Halteband (6) in der Nicht-Gebrauchsstellung der Haltevorrichtung (5) in einer in der Rückenlehne (2) vorgesehenen Ausnehmung (8) untergebracht ist.

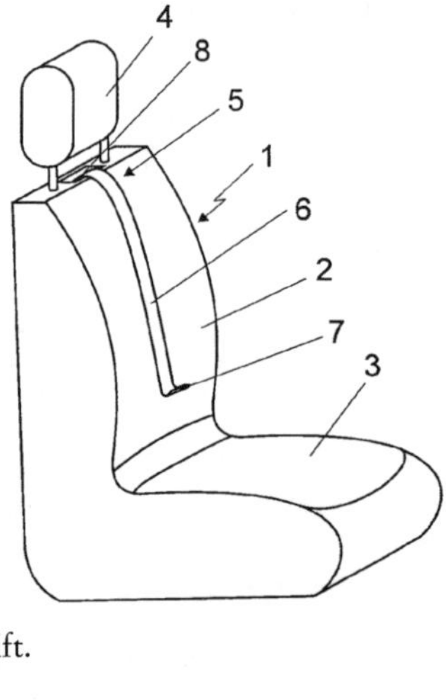

Abbildung 10: Deckblatt einer Patentschrift.

Angriffe auf ein Patent

Sollte ein Patent einmal zu Unrecht erteilt worden sein, etwa weil einem Prüfer beim Patentamt gewisser Stand der Technik nicht bekannt war, so kann ein Patent nach der Erteilung noch durch ein **Einspruchsverfahren** oder eine **Nichtigkeitsklage** wieder in Frage gestellt und gegebenenfalls vom Patentamt oder Bundespatentgericht widerrufen werden.

Auf die feinen Unterschiede zwischen Einspruchsverfahren und Nichtigkeitsklage wollen wir an dieser Stelle nicht eingehen.

Laufzeit

Patente müssen im Wesentlichen jährlich verlängert werden. Dies erfolgt durch die Zahlung von Jahresgebühren. Unterbleibt die Zahlung einer **Jahresgebühr**, so läuft das Patent aus. Die maximale Laufzeit eines Patents beträgt 20 Jahre.

Nutzt man das zwölfmonatige Prioritätsintervall für eine Nachanmeldung, so können effektiv 21 Jahre Patentschutz erreicht werden.

Eine Ausnahme hiervon stellt das sog. **ergänzende Schutzzertifikat** dar. Dies kann für ein Arzneimittel oder Pflanzenschutzmittel beantragt werden und kann eine Verlängerung der Schutzdauer des Patents auf das Arzneimittel auf maximal 25 (beziehungsweise mit Priorität 26) Jahre bewirken. Eingeführt wurde diese Bestimmung als Kompensation für das häufig sich über Jahre hinziehende Zulassungsverfahren von Arzneimitteln. Diese Jahre fehlen dem Patentinhaber später bei der ausschließlichen Vermarktung beziehungsweise beim Einfahren der Monopol-Rendite. Gerade angesichts der Hunderte von Millionen Euro verschlingenden Entwicklungskosten für ein neues Arzneimittel ist eine hinreichend lange Laufzeit des Patents beziehungsweise eine hinreichend lange, durch das Monopol geschützte Vertriebsperiode vonnöten.

Internationaler Patent-Schutz

Neben deutschen Patenten gibt es natürlich Patente in praktisch allen anderen Staaten der Erde.

Zusätzlich gibt es in Europa das **Europäische Patent**. Im Europäischen Patentübereinkommen (EPÜ) haben sich fast alle Länder Europas, einschließlich der Schweiz, völkerrechtlich darauf geeinigt, Patente für ganz Europa zentral vom Europäischen Patentamt in München erteilen zu lassen.

Lediglich nach der Erteilung müssen in einzelnen Ländern Übersetzungen der Patentschrift eingereicht werden. Ferner werden nach der Erteilung die Jahresgebühren in einzelnen Ländern gezahlt. Da dies mit Kosten verbunden ist, werden üblicherweise nach der Erteilung eines europäischen Patentes lediglich eine handvoll Länder innerhalb Europas ausgewählt, in denen das Patent aufrechterhalten wird.

Ferner gibt es die so genannte internationale Patentanmeldung (**PCT-Anmeldung**). Im PCT-Vertrag (PCT = Patent Cooperation Treaty) haben sich über 100 Länder völkerrechtlich darauf geeinigt, das Verfahren der Patentanmeldung zentral für alle diese Länder durchzuführen. Die Erteilung bleibt allerdings den einzelnen Ländern vorbehalten.

Daher beträgt die Lebensdauer einer PCT-Anmeldung nur ca. zwei Jahre. Danach muss das Prüfungsverfahren in den einzelnen Ländern zum Abschluss gebracht werden. Mit anderen Worten, die eigentliche Erteilung erfolgt national beziehungsweise regional.

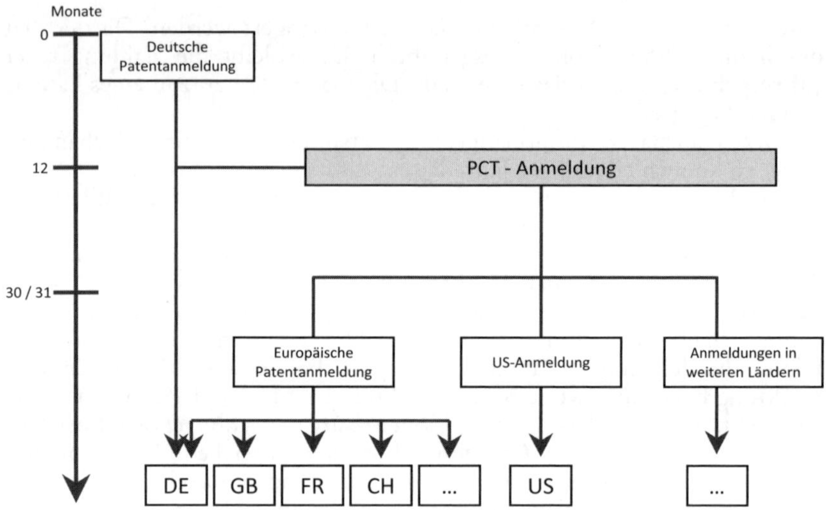

Abbildung 11: Typischer Ablauf einer internationalen Patentanmeldung.

Der monetäre Wert eines Patents

Die Werthaltigkeit eines Patents hängt – neben wirtschaftlichen und technischen Umständen – auch davon ab, ob die rechtliche Seite des Patents frei von Risiken ist, beziehungsweise ob das Patent im Zweifel durchsetzbar ist[13]. Dazu müssen die folgenden sieben Themen geprüft werden:

1. **Status**
   Ist es in Kraft? Wie lang ist die verbleibende Laufzeit? Welche Länder sind abgedeckt?

13 Köllner (2009): S. 24 ff.

2. **Inhaberschaft**
   Wem gehört das Patent? Hier ist insbesondere auf die Rechte von Arbeitnehmern nach dem Arbeitnehmer-Erfindergesetz zu achten. In der Vergangenheit gehörten die Rechte an einer Erfindung nicht automatisch dem Arbeitgeber. Erfolgte die so genannte Inanspruchnahme nicht fristgerecht, so verblieben die Rechte beim Arbeitnehmer. Hier wurden erfahrungsgemäß immer wieder Fehler begangen.
3. **Schutzfähigkeit**
   Wie sind zum Beispiel die Erteilungschancen?
4. **Freedom-to-Operate**
   Werden bei der geschäftlichen Nutzung der Erfindung irgendwelche Patente von Dritten verletzt? Sollte dies der Fall sein, könnten diese von ihrem Verbietungsrecht Gebrauch machen und die weitere geschäftliche Tätigkeit stoppen.
5. **Umgehungsmöglichkeiten**
   Für etwa die Hälfte aller technischen Erfindungen lassen sich im Laufe der Zeit technische Umgehungslösungen finden.
6. **Abdeckung** des Produkts durch die Patentansprüche des Patents
   Sollte dies nicht der Fall sein, könnten Wettbewerber ungestraft identische Produkte auf den Markt bringen.
7. **Durchsetzung** des Patents vor Gericht
   Nicht jedes Patent kann problemlos vor Gericht durchgesetzt werden. Schon der Nachweis einer Patentverletzung kann bei Verfahren, die hinter verschlossenen Türen durchgeführt werden, schwierig sein.

Sollten sich in diesen Bereichen Risiken zeigen, können diese entweder durch einen geeigneten **Abschlag** berücksichtigt werden – oder aber sie stellen den Patentwert vollständig in Frage. Es kann dann zu Sonderabschreibungen gemäß § 253 Abs. 3 Satz 3 HGB kommen.

Bei der Eingangsbewertung eines Patents mit den Entwicklungskosten nach § 248 Abs. 2 i. V. m. § 255 Abs. 2a HGB sind nicht alle oben genannten Aspekte zu berücksichtigen. Entscheidend sind lediglich diejenigen Aspekte, die die Vermögensgegenstandseigenschaft betreffen beziehungsweise die Aktivierungsvoraussetzungen. Diese sind:

- Inhaberschaft und
- Freedom-to-Operate.

Fehlt es an der Inhaberschaft, kann das Patent auch nicht in der Bilanz des Unternehmens erscheinen. Fehlt es an der Freedom-to-Operate, fehlt es in der Regel auch an der Verwertbarkeit.

Ist die Freedom-to-Operate zum Beispiel nur mit einer Wahrscheinlichkeit von 90 % gegeben, so ist es nicht zulässig, lediglich 90 % der Entwicklungskosten zu aktivieren. Der Bilanzierende muss sich entscheiden. Entweder die Freedom-to-Operate ist mit hinreichender Wahrscheinlichkeit gegeben. Dann sind sämtliche Entwicklungskosten zu aktivieren. Oder sie ist nicht hinreichend sicher gegeben. Dann ist der aktivierte Wert gleich 0 €. Es gilt ein »Alles oder Nichts« Prinzip.

Anders verhält es sich bei der Patentbewertung im Rahmen eines Werthaltigkeitstests (impairment test) nach § 253 Abs. 3 Satz 3 HGB. Bei der Patentbewertung führen Unsicherheiten zu Abschlägen. Ergibt sich ein Patentwert unter dem bilanziellen Wert, ist eine außerplanmäßige Abschreibung vorzunehmen (§ 253 Abs. 3 Satz 3 HGB). Ergibt sich aber ein Patentwert über dem bilanziellen Wert, darf keine Korrektur zu einem höheren Wert hin vorgenommen werden (§ 253 Abs. 1 HGB: Vermögensgegenstände sind **höchstens** mit den Anschaffungs- oder Herstellungskosten, vermindert um die Abschreibungen [...] anzusetzen. [...]). Es gilt ein Vorsichtsprinzip.

Im Übrigen sind für eine Bewertung und Aktivierung diverse wirtschaftliche Aspekte entscheidend, etwa die mit den patentgeschützten Produkten erzielten Umsätze oder Umsatzprognosen.[14]

Patentverletzung

Patent-Verletzungsklagen können gegen alle Produkte angestrebt werden, die das realisieren, was in den Patentansprüchen des erteilten Patents unter Schutz gestellt ist. Es reicht die Verletzung des ersten Patentanspruchs. Das Argument, dass das identische Produkt nicht nachgeahmt sei, sondern unabhängig entwickelt wurde, ist im Patentrecht keine zulässige Verteidigung.

Neben dem, was **wortsinngemäß** in den Patentansprüchen steht, ist auch dasjenige geschützt, was ein Fachmann durch nahe liegende Variation aus den Patentansprüchen ableiten könnte. Dieser letzte Punkt wird als **äquivalente Patentverletzung** bezeichnet. Der Schutzbereich der Patentansprüche jenseits der wortsinngemäßen Verletzung wird als Äquivalenzbereich bezeichnet.

Kann ein Patent-Cluster ein aktivierbarer Vermögensgegenstand sein?

Ein Patent kann aktiviert werden, wenn die entsprechenden weiteren Voraussetzungen vorliegen. Diese werden oft jedoch nicht vorliegen, da häufig ein Produkt durch mehrere Patente geschützt wird; bei komplexen Produkten können dies auch hundert und mehr Patente sein. Damit ist das einzelne Patent nicht mehr selbstständig ver- und bewertbar und eine Aktivierung scheidet aus.

Wie aber steht es um den Patent-Cluster, der das Produkt schützt, also die Menge aller Patente, die dieses Produkt schützen?

14 S. zum Beispiel Wurzer, Reinhardt: »Bewertung technischer Schutzrechte«; Carl Heymanns Verlag, Köln, 2006.

Ein Patent-Cluster kann unter den folgenden Voraussetzungen aktiviert werden:

- Innerhalb des Patent-Clusters muss ein Funktionszusammenhang in der Weise gegeben ist, dass ein einheitlicher Vermögensgegenstand vorliegt. Dies kann dann der Fall sein, wenn mehrere Patente gemeinsam ein isoliertes Produkt schützen.
- Der Patent-Cluster darf nur in Gänze veräußerbar sein. Dies dürfte in dem betrachteten Beispiel der Fall sein: wenn, dann wird das Produkt mit samt Know-how und Patent-Cluster veräußert.
- Die Verwertbarkeit muss zudem gegeben sein. Auch dies wäre im betrachteten Beispiel der Fall.
- Die Bewertbarkeit muss zudem gegeben sein. Das wäre nicht das Problem. Die Bewertung von Patent-Clustern gehört eher zur Regel als zur Ausnahme.
- Die entsprechenden Entwicklungsaufwendungen müssen zweifelsfrei dem Patent-Cluster zurechenbar sein. Das wären sie zum Beispiel dann, wenn die Entwicklungskosten des Produkts herangezogen würden.

Eine Aktivierung eines abtrennbaren Patent-Clusters sollte daher möglich sein.

- Ein Patent schützt eine technische Erfindung beziehungsweise Lehre.
- Die Erfindung muss neu und erfinderisch sein.
- Es gibt Ausnahmen vom Patentschutz.

Es gilt zu unterscheiden:

- eine Patentanmeldung von einem erteilten Patent.
- ein deutsches Patent von einem europäischen Patent beziehungsweise US-Patent, etc.
- eine internationale PCT-Patentanmeldung von einem »weltweiten Patent«, das es nicht gibt.

Welche Begriffe sollten Sie gehört haben:

- Jahresgebühr
- wortsinngemäße und äquivalente Patentverletzung
- ergänzendes Schutzzertifikat
- Einspruch und Nichtigkeitsklage
- Arbeitnehmer-Erfinder-Gesetz

Es gilt zu prüfen:

Sollte Ihnen erklärt werden, dieses oder jenes sei »durch ein Patent geschützt«, so ist es klug, diese Aussage zu überprüfen. Evtl. liegt ja nur eine noch nicht geprüfte und folglich noch nicht erteilte Patentanmeldung vor. Oder nicht mal das.

3.3.2 Gebrauchsmuster

Was ist denn nun ein Gebrauchsmuster beziehungsweise der Unterschied zwischen einem Gebrauchsmuster und einem Patent?

Ein Gebrauchsmuster schützt, ebenso wie ein Patent, eine Erfindung, d. h. eine technische Lehre. Im Unterschied zum Patent wird ein Gebrauchsmuster jedoch nicht geprüft, sondern **ungeprüft** eingetragen. Das Verfahren der Eintragung eines Gebrauchsmusters von der Anmeldung bis zur Urkunde dauert ca. 3 bis 4 Monate. Danach kann man mit einem Gebrauchsmuster vor Gericht ziehen. Das Gebrauchsmuster wird für dieses schnelle Verfahren geschätzt.

Auf dem Wege der sog. **Gebrauchsmuster-Abzweigung** (§ 5 Gebrauchsmuster-Gesetz) kann jederzeit aus einem noch nicht erteilten Patent, also einer Patentanmeldung, ein Gebrauchsmuster erzeugt werden. Auf diese Weise kann in ca. 3–4 Monaten ein gerichtstaugliches Schutzrecht entstehen, um schnell gegen Patentverletzer vorgehen zu können.

Und noch einen Unterschied zum Patent gibt es: Gebrauchsmuster können keine Verfahren schützen (§ 2 Nr. 3 Gebrauchsmuster-Gesetz).

Es können aus einem Gebrauchsmuster im Wesentlichen die gleichen Rechte wie aus einem Patent hergeleitet werden. Die Schutzfähigkeit des Gebrauchsmusters wird erst im Streitfalle vor Gericht geprüft. Dann wird geprüft, ob die im Gebrauchsmuster beschriebene Erfindung auch neu und erfinderisch ist.

Um das Gebrauchsmuster nicht zu stark zu machen, ist dafür seine **Laufzeit auf 10 Jahre beschränkt**.

Möchte man ein Gebrauchsmuster eines Wettbewerbers aus der Welt schaffen, so muss man ein **Löschungsverfahren** gegen das Gebrauchsmuster einleiten.

Auch basierend auf einem deutschen Gebrauchsmuster kann innerhalb der 12-monatigen Prioritätsfrist eine europäische oder internationale Patentanmeldung (PCT-Anmeldung) hinterlegt werden. Auf diese Weise kann Schutz im Ausland erlangt werden.

Es besteht kein großer Unterschied zwischen einem Gebrauchsmuster und einem Patent, lediglich die Laufzeit ist kürzer, nämlich 10 Jahre, und das Gebrauchsmuster wird nicht geprüft und damit schnell eingetragen.

Welche Begriffe sollten Sie gehört haben:
- Löschungsverfahren
- Gebrauchsmuster-Abzweigung

3.3.3 Geschmacksmuster

Was ist ein Geschmacksmuster?

Geschmacksmuster schützen ein Design, also eine **äußere Erscheinung** oder Form.

Um schutzfähig zu sein, muss eine Form **neu** und **eigenartig** sein (§ 2 Abs. 1 Geschmacksmuster-Gesetz). Die Anforderungen an die Eigenartigkeit eines Designs sind allerdings wesentlich kleiner als es die Anforderungen für einen urheberrechtlichen Schutz des gleichen Designs wären. Daher wird das Geschmacksmuster oft als »die kleine Münze« des Urheberrechts bezeichnet. Ein Geschmacksmuster kommt allerdings ohne Prüfung zur Eintragung.

Die Laufzeit eines Geschmacksmusters beträgt fünf Jahre und kann mehrmals um fünf Jahre verlängert werden. Maximal beträgt die Laufzeit eines Geschmacksmusters 25 Jahre.

Auch Geschmacksmuster können im Ausland geschützt werden. Neben einem deutschen Geschmacksmuster gibt es ein Geschmacksmuster für die gesamte europäische Union, dass so genannte Gemeinschaftsgeschmacksmuster (**community design**). Daneben gibt es auch ein internationales Verfahren zur Hinterlegung des Geschmacksmusters in einer Vielzahl von Ländern. Dieses wird durch das **Haager Musterabkommen** ermöglicht.

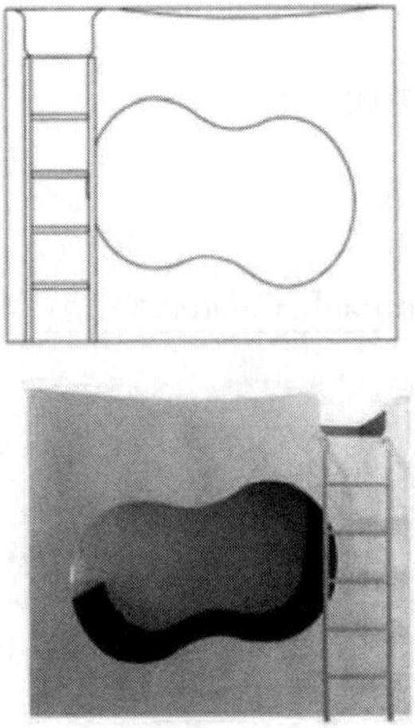

Abbildung 12: Beispiel für ein Geschmacksmuster, hier ein Hochbett gemäß deutschem Geschmacksmuster Nr. DE 40 2009 002 508.

Geschmacksmuster schützen ein Design, also eine äußere Erscheinung oder Form.

Welche Begriffe sollten Sie gehört haben:
- Gemeinschaftsgeschmacksmuster (community design)
- internationales Geschmacksmuster nach dem Haager Musterabkommen

3.4 Urheberrecht

Urheberrechte können teilweise aktiviert werden, teilweise auch nicht. Was macht ein Urheberrecht aus?

Das Werk

Das Urheberrecht schützt das Werk, eine persönliche, geistige Schöpfung (§ 2 UrhG).

Die typischen Werke sind **künstlerische Schöpfungen**, wie weiter oben bereits ausgeführt wurde, also zum Beispiel:
- Romane,
- Gedichte,
- Bilder,

- Statuen,
- Filme oder
- Objekte von herausragendem Design, zum Beispiel einige Bauhaus-Möbel.

Aber auch
- Darstellungen technischer Art,
- Tabellen,
- Bildschirmmasken,
- Datenbanken,

etc., sind schützbar, etwa die Gelben Seiten. Geschützt sind auch
- Computerprogramme (§§ 69a, 69c, 97, 137d UrhG).

Die Anforderungen an die schöpferische Leistung des Programmierers sind dabei gering.

Nicht geschützt sind zum Beispiel
- Schöpfungen, deren künstlerische Qualität nicht die Hürde zum Urheberrecht überspringt,
- amtliche Texte,
- Gerichtsentscheidungen,
- Gesetzestexte u. Ä. (§ 5 UrhG) und
- das Format von Fernsehshows.

Wovor schützt das Urheberrecht das Werk?

Das Urheberrecht schützt das Werk nur vor **Nachbildungen**, also vor dem Abkupfern oder der Produktpiraterie. Identische, aber unabhängig geschaffene Werke, sind frei. Dies ist ein entscheidender Unterschied zum Patent-, Gebrauchsmuster- und Markenrecht. Im Geschmacksmusterrecht ist es allerdings wie im Urheberrecht.

Das Kopieren eines Computerprogramms ist verboten, das selbstständige Neuprogrammieren einer Idee ist frei – sofern es für die Idee keinen Patentschutz gibt.

Laufzeit

Ein weiterer Unterschied zum Recht der gewerblichen Schutzrechte besteht bei der Laufzeit. Das Urheberrecht hat die ungeheuer lange Laufzeit von der Schöpfung bis 70 Jahre nach dem Tod des Urhebers § 64 UrhG.

Lizenzen an Urheberrechten

Das Urheberrecht kann nicht übertragen werden (§ 29 UrhG). Es ist ein höchstpersönliches Recht. Dem Urheber steht unübertragbar die Anerkennung seiner Urheberschaft zu (§ 13 S. 1 UrhG).

Übertragen werden kann lediglich die **Nutzung** des Werks (§§ 31, 34 UrhG).

Nutzungsrechte an Werken von Angestellten gehen nicht automatisch auf den Arbeitgeber über (§ 43 UrhG). Sie müssen übertragen werden, zum Beispiel im Arbeitsvertrag. Allerdings geht das etwas leichter als bei der Übertragung von Rechten an Erfindungen nach dem Arbeitnehmer-Erfinder-Gesetz. Zum Beispiel können auch Rechte an zukünftigen Werken einbezogen werden (§ 40 UrhG). Die Nutzungsrechte für von Angestellten geschaffene Computerprogramme gehen automatisch auf den Arbeitgeber über (§ 69b UrhG), auch ohne dass es einer weiteren Vergütung bedürfte.

- Außer künstlerischen Werken sind auch **Computerprogramme** durch das Urheberrecht geschützt.
- Selbst entwickelte Software kann u. U. aktiviert werden.

Worauf sollten Sie achten?

Gemäß § 248 Abs. 2 Satz 2 HGB sind »Drucktitel, Verlagsrechte, Kundenlisten oder vergleichbare immaterielle Vermögensgegenstände des Anlagevermögens« von der Aktivierung ausgeschlossen.

3.5 Lizenzen

Was ist ein Lizenzvertrag?
Kann man einen Lizenzvertrag aktivieren?
Was wären dann die Herstellungskosten?

Eine Lizenz ist die Erlaubnis eines Schutzrechts-Inhabers gegenüber einem Dritten, dass dieser Dritte den Gegenstand des Schutzrechts benutzen darf. Es liegt darin ein Verzicht des Schutzrechts-Inhabers auf sein Verbietungsrecht gegenüber diesem Dritten. In aller Regel wird eine Lizenz gegen eine entsprechende Lizenzgebühr vergeben.

Lizenzen können für sämtliche gewerblichen Schutzrechte und Urheberrechte vergeben werden, also insbesondere für Patente und Marken. Der Einfachheit halber wollen wir uns im Folgenden auf Patent-Lizenzen konzentrieren.

Lizenzgebühren

Bei den Lizenzgebühren gibt es zwei wesentliche weit verbreitete Modelle.

Zum einen ist dies die **Umsatzlizenz**. Die Lizenzgebühr beträgt dabei einige Prozent des mit der Erfindung erzielten Umsatzes. Wie hoch dieser Prozentsatz ist, hängt von diversen Faktoren ab, die hier nicht näher ausgeführt werden können. Um einen ersten Eindruck zu geben, liegen Lizenzgebühren häufig zwischen 1 und 5 %.

Ebenso üblich ist die so genannte **Stücklizenz**. Bei dieser wird pro verkauftes Stück ein bestimmter Betrag in Euro als Lizenzgebühren vereinbart.

Nicht unüblich ist auch eine Einmalzahlung (sog. **down payment**) bei Abschluss des Lizenzvertrages. Nicht selten werden Einmalzahlungen in Höhe von 5 000, 10 000 oder 100 000 € vereinbart.

Ebenfalls nicht unüblich – aber auch nicht unproblematisch – ist die Vereinbarung einer jährlichen Mindestlizenzgebühr.

Typen von Lizenzverträgen

Eine entscheidende Frage bei Lizenzverträgen ist stets, wer alles die Erfindung benutzen darf. Wird zum Beispiel dem Lizenznehmer das Recht zur Nutzung vollständig und alleine übertragen? Oder wird auch noch anderen eine Lizenz eingeräumt? Und darf der Patentinhaber selbst noch die Erfindung benutzen?

Daraus ergeben sich verschiedene Typen von Lizenzverträgen, die im Folgenden kurz erläutert werden.

Einfache Lizenz

Bei der einfachen Lizenz kann der Patentinhaber Lizenzen an beliebig viele vergeben und auch selber die Erfindung weiterhin vertreiben.

Ausschließliche Lizenz

Bei einer ausschließlichen Lizenz wird das Nutzungsrecht einem Lizenznehmer allein übertragen. Mit dem Begriff »ausschließliche Lizenz«, wird normalerweise auch impliziert, dass der Patentinhaber selbst auf eine weitere geschäftliche Nutzung der Erfindung verzichtet.

Die Begrifflichkeiten werden jedoch nicht immer einheitlich verwendet.

Exklusive Lizenz

Bei einer exklusiven Lizenz vergibt der Patentinhaber eine Lizenz nur an einen einzigen Lizenznehmer. Er behält sich jedoch das Recht vor, die Erfindung weiterhin selber geschäftlich zu nutzen.

Auch hier ist die Begrifflichkeit nicht einheitlich. Für die hier geschilderte Konstellation wird zum Teil auch der Begriff »sole licence« verwendet.

Welche Fragen sind zu regeln bei einer Lizenz?

Im Rahmen des Abschlusses eines Lizenzvertrages sind diverse Fragen zu klären, die in der folgenden Tabelle auszugsweise aufgezählt sind.

Welcher Typ von Lizenzvertrag wird abgeschlossen – einfach, ausschließlich oder exklusiv?
Territoriale Geltung
Haftet der Schutzrechts-Inhaber für den Status des Schutzrechts?
Wer betreibt das weitere Patent-Erteilungsverfahren und wer trägt die Kosten dafür?
Wer verteidigt das Schutzrecht gegen Angriffe?
Wer verklagt Schutzrechtsverletzer?
Art und Höhe der Lizenzgebühren
Kann der Lizenznehmer seinerseits wieder sog. Unterlizenzen vergeben?
Wer übernimmt die Produkthaftung?
Wird auch Know-how übertragen?

Tabelle 11: Wichtige Regelungen in einem Lizenzvertrag.

Ein wichtiges Thema bei Abschluss eines Lizenzvertrags ist auch die Beachtung etwaiger kartellrechtlicher Rahmenbedingungen.

Kann man einen Lizenzvertrag aktivieren?

Kommen wir nur zu der eingangs gestellten Frage zurück: Kann man einen Lizenzvertrag aktivieren?

Grundsätzlich ja, sofern die Aktivierungsvoraussetzungen (abstrakt und konkret, insbesondere einzelne Verwertbarkeit) vorliegen.

Ein typisches Beispiel für aktivierbare Lizenzverträge sind Filmlizenzen. Lizenzverträge für selbst erstellte Filme können aktiviert werden. Die Herstellungskosten sind die Herstellungskosten des Films – und nicht die Anwaltskosten für die Ausarbeitung und Verhandlung des Vertrags. Die Lizenz hängt an der Fertigstellung des Masterbandes, so dass alle bis zu dessen Fertigstellung anfallenden Aufwendungen zurechenbar sind.

Auch für Software können neben der Software selbst vergebene Lizenzen an der Software aktiviert werden. Dabei ist jedoch darauf zu achten, dass erwartete zukünftige Zahlungsströme nicht doppelt berücksichtigt werden. Gleiches gilt für die Herstellungskosten der Software. Sind diese bei der Software aktiviert, dürfen sie nicht auch für die Software-Lizenz-Verträge angesetzt werden.

Softwarelizenzen und Lizenzen in der Medienindustrie sind ein typisches Beispiel der Vermögensgegenstände, die nach § 248 Abs. 2 HGB nunmehr aktivierungsfähig sind. Gleiches gilt für Patent-Lizenz-Verträge.

Aktivierung von Markenlizenzverträgen

Gemäß § 248 Abs. 2 Satz 2 HGB sind Marken von der Aktivierung ausgeschlossen. Was aber ist mit Marken-Lizenz-Verträgen?

Die abstrakten Aktivierungseigenschaften dürften vorliegen; ein Marken-Lizenz-Vertrag wird in der Regel die Anforderungen an einen Vermögensgegenstand erfüllen. Ein konkretes Verbot seiner Aktivierung ist in § 248 HGB auch nicht formuliert. Die Herstellungskosten wären dann wohl die Kosten der Herstellung der Marke. Diese sind aber nach § 248 Abs. 2 HGB von der Aktivierung ausgenommen. Nach der Wertung des Gesetzgebers lassen sich diese nicht sauber von Marketing-Aufwendungen trennen.[15]

Eine Aktivierung eines Marken-Lizenz-Vertrages wird daher im Regelfall ausscheiden.

- Lizenzen können für Patente, Marken und alle sonstigen gewerblichen Schutzrechte und Urheberrechte vergeben werden.
- Es gibt verschiedene Typen von Lizenzverträgen.
- Lizenzverträge können u. U. aktiviert werden.

Es gilt zu unterscheiden:

Die einzelnen Typen von Lizenzverträgen.

3.6 Know-how

Was ist Know-how?
Wer oder was kann Träger von Know-how sein?
Ist Know-how rechtlich geschützt?

Begriffsabgrenzung

Da sich unterschiedliche Disziplinen mit dem Gegenstand Know-how befassen und diesen aus verschiedenen Perspektiven untersuchen gibt es für den Begriff Know-how keine einheitliche und allgemeingültige Definition. Erklärt man ihn aber aus informationstheoretischer Sicht, so wird klar, dass Know-how aus Daten entsteht, die von einem Leser verarbeitet und dadurch mit Sinn angereichert werden. Dadurch entstehen aus den

15 Gesetzesbegründung, Bundesrats-Drucksache 344/08, S. 107, letzter Absatz bis S. 108, erster Absatz

Daten Informationen. Sind diese Informationen für den Leser relevant, so wird er sie intellektuell verarbeiten und in Wissen umsetzen. Falls dieses Wissen nicht allgemein zugänglich ist und zu einem technisch-wirtschaftlichen Vorteil seines Besitzers führt, so spricht man von Know-how. Know-how ist also wirtschaftlich relevantes, nicht frei verfügbares Wissen.

Zum näheren Verständnis des Know-how-Begriffs ist die Kenntnis der strukturellen Eigenschaften von Know-how hilfreich. Die verschiedenen Dimensionen sind in Abbildung 13 dargestellt. Die erste Dimension zeigt den fachlichen Gegenstand des Know-hows: technisch oder kaufmännisch. Die Umsetzbarkeit wird durch die zweite Dimension abgebildet: konzeptionelles Know-how oder erfahrungsbasiertes Know-how. Konzeptionelles Know-how ist gegeben, wenn Planungen, Erwartungen und Strategien für die Zukunft Gegenstand der Betrachtung sind. Erfahrungsbasiertes Know-how resultiert aus Ereignissen in der Vergangenheit und dem daraus gewonnenen Wissen. Die Verfügbarkeit des Know-hows ist in der dritten Dimension repräsentiert: explizit oder implizit. Implizites Know-how hat keine eigene Dokumentationsform. Es liegt in Form von Fähigkeiten oder Erfahrungen der Mitarbeiter vor und zeigt bezieht sich zum Beispiel an der Art und Weise der Erledigung von Aufgaben und Arbeitsabläufen. Bei explizitem Know-how ist zu unterscheiden, ob es in dokumentierter oder nicht dokumentierter Form vorliegt.

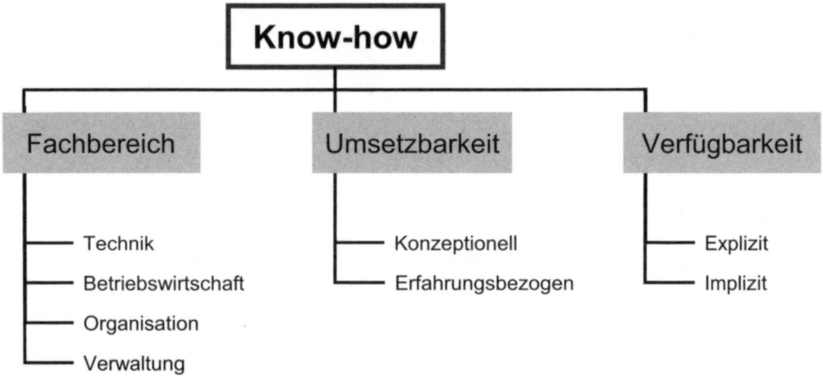

Abbildung 13: Know-how Strukturen.[16]

16 Quelle: Wurzer 2007b, S. 3

Verkörperungen von Know-how

Know-how kann in sehr unterschiedlichen Formen und auf verschiedenen Trägern im Unternehmen vorhanden sein. Die nachfolgende Tabelle gibt einen beispielhaften Überblick über die wichtigsten Know-how Träger.

Know-how-Träger	Beispiele
Materielle Träger	– Prozesstechnologien – Prototypen – Werkstoffe – Versuchsaufbauten – Modelle – …
Quasi-materielle Träger	– Fertigungsvorschriften – Konstruktionszeichnungen – Handbücher, Instruktionsmanuale – Laborbücher – Formeln, Berechnungen, Rezepte – Know-how-Lizenzen – Patentlizenzen – …
Personelle Träger	– F&E-Mitarbeiter – Externe Berater – Management – Sekretariat – Kooperationspartner – …

Tabelle 12: Know-how Träger im Unternehmen.

Gesetzlicher Schutz des Know-hows

Es existieren mehrere gesetzliche Regelungen, die den Schutz des Know-hows zum Gegenstand haben. Diese sind auf unterschiedliche Gesetze (UWG, PatG, AktG, GVG, StGB und ZPO) verteilt. Die zentralen Regelungen finden sich aber in §§ 17 ff. UWG. Diese regeln die straf- und zivilrechtlichen Folgen des Verrats von Geschäfts- und Betriebsgeheimnissen sowie die Verwertung von Vorlagen.

Da sich die Regelungen auf Geschäftsgeheimnisse konzentrieren setzen sie auf der Ebene des Wissens an. Geschützt ist das Wissen, das die nachfolgenden Kriterien erfüllt:

1. Unternehmensbezug: Es muss dem Wissensträger wirtschaftliche oder technische Vorteile vermitteln;

2. Nichtoffenkundigkeit: Das Wissen darf nicht in allgemein zugänglichen Quellen dokumentiert sein, also nicht zum Stand des Wissens oder zum Stand der Technik gehören;
3. Nichtoffenbarungsinteresse: Es muss ein berechtigtes wirtschaftliches Interesse an der fortbestehenden Geheimhaltung bestehen;
4. Nichtoffenbarungswille: Das Unternehmen muss versucht haben sicherzustellen, dass das Bekanntwerden des Betriebsgeheimnisses ausgeschlossen ist.[17]

Das Vorliegen ebendieser Kriterien ist auch notwendig, damit Wissen die oben genannte Know-how Definition erfüllt. Insofern stellt das Gesetz gegen den unlauteren Wettbewerb (UWG) den Verrat von Know-how unter Strafe.

Als strafrechtliche Folgen des Verrats von Geschäfts- und Betriebsgeheimnissen sehen die §§ 17 ff. UWG Freiheits- oder Geldstrafen vor. Zivilrechtliche Rechtsfolgen sind insbesondere Unterlassung, Beseitigung und Schadensersatz.

- Know-how ist wirtschaftlich relevantes, nicht frei verfügbares Wissen.
- Das Gesetz gegen den unlauteren Wettbewerb (UWG) stellt den Verrat von Know-how unter Strafe.

17 Wurzer 2009, S. 56.

4 Bilanzierung immateriellen Vermögens

Immaterielle Werte stellen vielfach die wesentlichen Vermögenspositionen von Unternehmen dar. Mit Blick auf die Aussagekraft der Rechnungslegung, die auch die wirtschaftliche Leistungsfähigkeit darlegen soll, rücken Bilanzierungs- und Bewertungsfragen in den Mittelpunkt. Nur eine zutreffende Bilanzierung von immateriellem Vermögen stellt ein zutreffendes Bild der Vermögens- und Ertragslage des Bilanzierenden dar.

4.1 Bilanzierung selbst erstellter immaterieller Vermögensgegenstände des Anlagevermögens

Das BilMoG ändert die Ansatzregelungen von selbst erstellten immateriellen Werten. Ab dem Jahr 2010 dürfen diese aktiviert werden. Der Bilanzierende erhält die Möglichkeit, sein Bilanzbild entsprechend zu verändern, um sich und seine Vermögenswerte zutreffender als bislang möglich darzustellen.

Welche Neuregelungen ergeben sich durch das BilMoG?
Wann dürfen selbst erstellte Vermögensgegenstände aktiviert werden?
Wie kann die Forschungs- von der Entwicklungsphase getrennt werden?
Welche Aufwendungen dürfen aktiviert werden?

Entwicklung der Gesetzesnorm

Die Reform des deutschen Bilanzrechts durch das BilMoG war ein mehrere Jahre andauernder Prozess. Erste Ansätze hierzu fanden sich bereits in dem von der damaligen Bundesregierung im Februar 2003 vorgeschlagenen »Maßnahmenkatalog zur Stärkung der Unternehmensintegrität und des Anlegerschutzes«. Obwohl ein erster Gesetzesentwurf ursprünglich bereits für das Jahr 2004 angekündigt war, kam es hierzu erst Ende 2007. Im Zuge der weiteren Beratungen des Entwurfs gehörte die Thematik »selbst erstellte immaterielle Vermögensgegenstände des Anlagevermögens« – und hier im Besonderen auch die selbst entwickelten Patente – zu den heftig diskutierten Themen. Zunächst hatte der Gesetzgeber vorgesehen, für diese eine Aktivierungspflicht im HGB zu verankern.

In der am 17.12.2008 vom Rechtsausschuss des Deutschen Bundestages einberufenen Expertenanhörung sprach sich – nicht zuletzt aus Gründen der durch die Finanzmarktkrise wieder stärker in den Vordergrund gerückten Vorsicht – die Mehrheit der dort gehörten Sachverständigen aus Wissenschaft und Praxis gegen die Einführung einer Aktivierungspflicht für selbst erstellte immaterielle Vermögensgegenstände des Anlagevermögens aus. Als Gründe wurden insbesondere die folgenden angeführt:

- Die Abgrenzung zwischen der Forschungs- und der Entwicklungsphase ist problembehaftet.
- Die Aktivierung von Forschungs- und Entwicklungskosten führt zu einem weiteren Auseinanderfallen von Handels- und Steuerbilanz.
- Die bilanzpolitischen Möglichkeiten in Form von Sachverhaltsgestaltungen werden ausgeweitet.

Der Gesetzgeber hat die Schwierigkeiten, die im Zusammenhang mit der Ermittlung der Entwicklungskosten anfallen (können), erkannt und darauf reagiert, indem er in der finalen Fassung des BilMoG, die am 26.03.2009 vom Bundestag und am 03.04.2009 vom Bundesrat verabschiedet wurde, in § 248 Abs. 2 Satz 1 HGB ›nur‹ ein **Wahlrecht zur Aktivierung selbst erstellter immaterieller Vermögensgegenstände des Anlagevermögens** integriert hat. Gleichzeitig beinhaltet § 248 Abs. 2 Satz 2 HGB ein explizites Bilanzierungsverbot für »selbst geschaffene Marken, Drucktitel, Verlagsrechte, Kundenlisten oder vergleichbare immaterielle Vermögensgegenstände des Anlagevermögens« sowie weiterhin für einen selbst geschaffenen originären Firmenwert. Mit diesem Wahlrecht sieht der Gesetzgeber sein mit der Neuregelung verfolgtes Ziel – nämlich die immateriellen Vermögensgegenstände mehr als bisher in den Mittelpunkt zu stellen – zumindest für die Unternehmen, die sich für eine Aktivierung der Entwicklungskosten entscheiden, als erreicht an.

Auch wenn das HGB die Aktivierung selbst erstellter immaterieller Vermögensgegenstände des Anlagevermögens und damit von Entwicklungskosten nunmehr explizit dem Grunde nach zulässt, bleibt die Frage nach der Höhe des entsprechenden Bilanzansatzes noch offen. Festzuhalten ist, dass die Ermittlung der zutreffenden Bewertung dieser zu aktivierenden Entwicklungskosten von großer Subjektivität geprägt ist und Bilanzierende wie Prüfer vor große Herausforderungen stellt. Im Kontext dieses (gesetzlichen) Hintergrunds wird nachfolgend die Bilanzierung und Bewertung selbst erstellter immaterieller Vermögensgegenstände des Anlagevermögens allgemein und von Patenten im Speziellen unter Berücksichtigung der neuen gesetzlichen Vorschriften sowohl dem Grunde als auch der Höhe nach erläutert.

Die Bilanzierung und Bewertung von selbst entwickelten Patenten ist künftig möglich, stellt aber alle Beteiligten im Einzelfall vor große Herausforderungen.

Aktivierungsfähigkeit von Vermögensgegenständen

Die **Aktivierungsfähigkeit** eines nicht entgeltlich erworbenen immateriellen Vermögensgegenstands und damit eines selbst entwickelten Patents ist an die Erfüllung bestimmter Kriterien geknüpft. So muss jeweils einzeln überprüft werden, ob das zu aktivierende Gut auch tatsächlich alle Vermögensgegenstandseigenschaften besitzt. Vereinfacht gesagt ist davon nach der allgemeinen Auffassung dann auszugehen, wenn ein Gut durch ein Geschäft mit Dritten in Geld umgewandelt werden kann.

Im Detail ist insbesondere zu überprüfen, ob die abstrakte und die konkrete Aktivierungsfähigkeit gegeben sind und damit die **Vermögensgegenstandsdefinition** erfüllt ist. Allerdings findet sich weder im Gesetz noch im Schrifttum eine allgemeingültige und anerkannte Definition für einen Vermögensgegenstand (vgl. Blasius 2006, S. 61).

Zur **abstrakten Aktivierungsfähigkeit** zählen die Merkmale selbstständige Verwertbarkeit, bilanzielle Greifbarkeit und selbstständige Bewertbarkeit, wobei ersteres dem im handelsrechtlichen Schrifttum entwickelten Konkretisierungsansatz zuzurechnen ist, die beiden anderen Merkmale im Wesentlichen auf die Finanzrechtsprechung zurückgehen (vgl. Baetge/Kirsch/Thiele 2007, S. 159).

- Die **selbstständige Verwertbarkeit** kann nicht nur durch die Veräußerung eines Wirtschaftsguts geschehen, sondern auch durch seine Verarbeitung, seinen Verbrauch oder durch Überlassung des Nutzens daran einem Dritten. Sie setzt voraus, dass das Wirtschaftsgut unabhängig von anderen Wirtschaftsgütern zur Deckung von Schulden verwertet werden kann. Im Sinne einer weiten Auslegung des Begriffs ist das Vorliegen der abstrakten Veräußerbarkeit beziehungsweise Übertragbarkeit ausreichend, d. h. es kommt nicht darauf an, dass tatsächlich Interessenten vorhanden sind. Ebenso wenig führt das Vorliegen eines schuldrechtlichen Veräußerungsverbots zur Verneinung der selbstständigen Verwertbarkeit. Das Kriterium ist folglich erfüllt, wenn das Wirtschaftsgut bereits für sich selbst einen Wert darstellt und nicht nur einen zukünftigen Gewinn verkörpert.
- Die **bilanzielle Greifbarkeit** bringt zum Ausdruck, dass ein Gut als eine Einzelheit ins Gewicht fällt und nicht innerhalb des Unternehmens in der Allgemeinheit aller Unternehmensbestandteile aufgeht. Es muss also vom Wert des gesamten Unternehmens separierbar sein.
- Für das Kriterium der **selbstständigen Bewertbarkeit** ist es relevant, dass ein Wirtschaftsgut nur dann ein Vermögensgegenstand sein kann, wenn es auch für Zwecke der Wertbeimessung als Einzelheit ins Gewicht fällt. Es

kommt folglich auf die Bestimmung von dem Wirtschaftsgut einzeln zurechenbaren Anschaffungs- beziehungsweise Herstellungskosten an. Während die abstrakte Aktivierungsfähigkeit untersucht, ob überhaupt ein zurechenbarer Vermögensgegenstand vorliegt, wird mit dem Kriterium der **konkreten Aktivierungsfähigkeit** darauf abgestellt, ob einer Aktivierung nicht ein konkretes **Bilanzierungsverbot** entgegensteht. Als ein solches Aktivierungsverbot galt in Bezug auf selbst erstellte immaterielle Vermögensgegenstände des Anlagevermögens und damit auch Patente bislang immer die Regelung des § 248 Abs. 2 HGB a. F.

Eine Aktivierung von Vermögensgegenständen in der Bilanz ist nur dann möglich, wenn diese sowohl selbstständig bewertbar als auch verwertbar sind.

Aktivierung selbst erstellter immaterieller Vermögensgegenstände des Anlagevermögens dem Grunde nach

Mit der Änderung durch das BilMoG wurde das bislang im HGB enthaltene Aktivierungsverbot für selbst erstellte immaterielle Vermögensgegenstände des Anlagevermögens in ein Aktivierungswahlrecht verändert (vgl. § 248 Abs. 2 Satz 1 HGB). Allerdings beinhaltet die Gesetzesnorm nach wie vor ein Bilanzierungsverbot für selbst geschaffene Marken, Drucktitel, Verlagsrechte, Kundenlisten oder vergleichbare immaterielle Vermögensgegenstände des Anlagevermögens (vgl. § 248 Abs. 2 Satz 2 HGB). Das bislang herrschende allgemeine Aktivierungsverbot ging auf das Vorsichtsprinzip zurück, da »nicht entgeltlich erworbene immaterielle Vermögensgegenstände schwer schätzbare und unsichere Werte sind« (Mindermann/Brösel 2009, S. 391). Diese Orientierung hat der Gesetzgeber mit der Neufassung aufgegeben.

Zukünftig sind nun nach § 248 Abs. 2 HGB i. V. m. § 255 Abs. 2a Satz 1 HGB die **im Zusammenhang mit der Entwicklung eines immateriellen Vermögensgegenstands anfallenden Kosten aktivierungsfähig.** Unter Umständen ist am Bilanzstichtag allerdings noch nicht sicher, dass die Entwicklung tatsächlich erfolgreich verläuft und am Ende des Prozesses ein Vermögensgegenstand entsteht. Um zu vermeiden, dass auch Beträge aktiviert werden, die (noch) keinen Vermögensgegenstand verkörpern, erlaubt der Gesetzgeber die Aktivierung erst zu dem Zeitpunkt, ab dem »mit hoher Wahrscheinlichkeit davon ausgegangen werden [kann], dass ein einzeln verwertbarer immaterieller Vermögensgegenstand des Anlagevermögens zur Entstehung gelangt« (BR-Drucks. 344/08, S. 130). Unmittelbar ist an dieser Stelle einsichtig, dass hier in hohem Maß eine subjektive und einzelfallbezogene Einschätzung des Bilanzierenden zu treffen ist. Vor diesem Hintergrund kommt der **Abgrenzung zwischen der Forschungs-**

und der Entwicklungsphase eine große Bedeutung zu, denn § 255 Abs. 2 Satz 4 HGB verbietet explizit die Aktivierung von Forschungskosten.

Nach Art. 66 Abs. 3 Satz 3 EGHGB ist die Einbeziehung von Entwicklungskosten in die Herstellungskosten und damit deren Aktivierung erst für immaterielle Vermögensgegenstände des Anlagevermögens zulässig, mit deren Entwicklung in einem nach dem 31.12.2009 beginnenden Geschäftsjahr begonnen wurde.

Ab 2010 können Entwicklungsaufwendungen, wenn sie die entsprechenden Kriterien erfüllen, aktiviert werden.

Abgrenzung zwischen Forschungs- und Entwicklungsphase

Gelangt der Bilanzierende zu dem Ergebnis, dass die Entwicklungskosten für einen selbst erstellten immateriellen Vermögensgegenstand des Anlagevermögens – wie zum Beispiel ein Patent – aktiviert werden können und möchte er das Wahlrecht entsprechend ausüben, erfolgt die **Aktivierung der Kosten** nicht erst bei Vorliegen des ›fertigen‹ Patents, sondern bereits **während der Phase seiner Entwicklung**, und zwar ab dem Zeitpunkt des Beginns der Entwicklungsphase.

Wie erwähnt ist eine Aktivierung nur dann möglich, wenn mit hoher Wahrscheinlichkeit davon auszugehen ist, dass tatsächlich ein einzeln verwertbarer immaterieller Vermögensgegenstand des Anlagevermögens zur Entstehung gelangt, d. h., wenn die Phase der Entwicklung eines Vermögensgegenstands zweifelsfrei erreicht ist. Es werden vom Gesetzgeber jedoch keine konkreten Hinweise gegeben, wann von einer ›hohen Wahrscheinlichkeit‹ auszugehen ist. Anders als in der Gesetzesbegründung der Bundesregierung waren im **Referentenentwurf zum BilMoG** aus dem November 2007 – damals war eine Aktivierungspflicht für die Entwicklungskosten vorgesehen (vgl. Petersen/Zwirner 2008, S. 9) – noch die in den internationalen Normen (IAS 38.57) genannten sechs Kriterien als **Orientierungshilfe** genannt. Diese können weiterhin als Anhaltspunkte für die Beurteilung der Wahrscheinlichkeit, mit der die Entwicklung des immateriellen Vermögensgegenstands tatsächlich abgeschlossen wird und damit eine Aktivierung überhaupt in Frage kommt, herangezogen werden (vgl. auch Brösel/Mindermann 2009, S. 392 f.):

1. Der aus der Entwicklungsphase resultierende Vermögensgegenstand muss technisch realisierbar sein.
2. Im Unternehmen besteht die Absicht, den Vermögensgegenstand fertig zu stellen.
3. Das Unternehmen ist in der Lage, den Vermögensgegenstand zu nutzen oder zu verkaufen.

4. Das Unternehmen kann den Nachweis des zukünftigen wirtschaftlichen Nutzens erbringen.
5. Das Unternehmen ist in der Lage, nachzuweisen, dass es über ausreichend technische, finanzielle und sonstige Ressourcen zur Fertigstellung und anschließenden Verwendung verfügt.
6. Das Unternehmen ist in der Lage, in der Entwicklungsphase angefallene Ausgaben verlässlich zu bewerten.

Auch ohne expliziten Hinweis auf eine Orientierung an den IFRS ist davon auszugehen, dass diese Hilfsmaßstäbe in der Bilanzierungspraxis herangezogen werden – nicht zuletzt weil die Annäherung des HGB an die Normen der IFRS ein Ziel des BilMoG darstellt und es somit nicht erkennbar ist, warum die internationalen Regelungen im Fall der Bestimmung der Entwicklungsphase nicht als Auslegungshilfe herangezogen werden sollten. Darüber hinaus fokussieren die genannten Kriterien die möglichen Risiken im Zusammenhang mit der Entstehung eines aktivierungsfähigen Vermögensgegenstands und sind daher auch in inhaltlicher Hinsicht als Hilfslösung geeignet.

Bevor also die aufgrund der Immaterialität mit besonderen Problemen behaftete Frage nach der Höhe der zu aktivierenden Kosten zu beantworten ist, hat der Bilanzierende das Problem der exakten Abgrenzung zwischen der Forschungs- und der Entwicklungsphase zu lösen. Auch bei einem Patent ist folglich der Übergang von der Forschungs- zur Entwicklungsphase zu bestimmen. Nur wenn angefallene **Kosten als Entwicklungskosten qualifiziert** werden können, befindet sich der Bilanzierende tatsächlich in der Entwicklungsphase der zu schützenden Erfindung. Im Fall von Forschungstätigkeiten ist eine Aktivierung der Kosten ebenso wenig zulässig wie in dem Fall, dass keine eindeutige Abgrenzung zwischen der Forschungs- und der Entwicklungsphase möglich ist. Letzteres wird in § 255 Abs. 2a Satz 4 HGB explizit ausgeschlossen. Die Notwendigkeit einer Separierung der Forschungs- von der Entwicklungsphase wird in der nachfolgenden Abbildung grafisch dargestellt, darüber hinaus zeigt diese auch die sich an die Zuordnung anknüpfenden Rechtsfolgen (entnommen aus Bieg/Kußmaul/Petersen/Waschbusch/Zwirner 2009, S. 47).

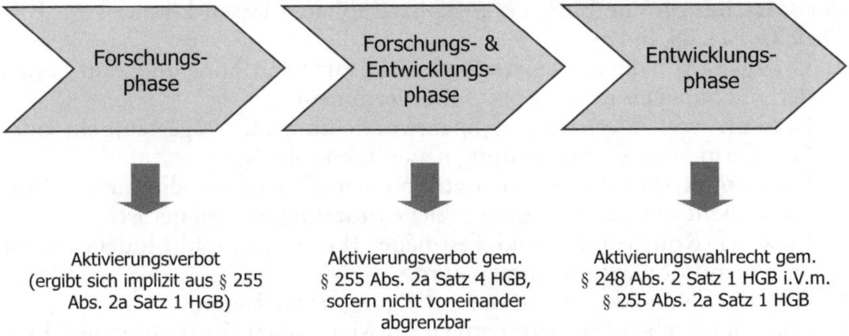

Abbildung 14: Abgrenzung der Forschungs- von der Entwicklungsphase und Folgewirkungen.[18]

Aufgrund der offensichtlichen Notwendigkeit einer Unterscheidung zwischen Forschung und Entwicklung hat der Gesetzgeber in § 255 Abs. 2a HGB den Versuch einer Definition beider Begriffe unternommen. Der Vorschrift zufolge bezeichnet Entwicklung »die Anwendung von Forschungsergebnissen oder von anderem Wissen für die Neuentwicklung von Gütern oder Verfahren oder die Weiterentwicklung von Gütern oder Verfahren mittels wesentlicher Änderungen«, während Forschung als »die eigenständige und planmäßige Suche nach neuen wissenschaftlichen oder technischen Erkenntnissen oder Erfahrungen allgemeiner Art, über deren technische Verwertbarkeit und wirtschaftliche Erfolgsaussichten grundsätzlich keine Aussagen gemacht werden können«, beschrieben wird. Einen konkreten Bezug zu verwertbaren Produkten oder Verfahren lässt diese Definition jedoch vollständig vermissen. Obgleich die Umschreibung der beiden Begrifflichkeiten auf den ersten Blick eine eindeutige Trennung suggeriert, zeigt sich letztlich doch, dass sie nicht mehr als eine Entscheidungsgrundlage darstellt. Es ist davon auszugehen, dass das Unternehmen dann in die Entwicklungsphase – und damit in die Phase einer möglichen Aktivierung der Kosten – eintritt, wenn es das Ziel verfolgt und konkrete Anstrengungen unternimmt, aus den im Rahmen der Forschung gewonnenen Erkenntnissen etwas Neues herzustellen. Es ist jedoch unmittelbar einleuchtend, dass der Übergang zwischen Forschung und Entwicklung im Einzelfall nicht eindeutig bestimmbar sein kann und sich dem Bilanzierenden somit ein nicht zu unterschätzender Ermessensspielraum eröffnet.

Als Hilfestellung enthält die Gesetzesbegründung im Regierungsentwurf zum BilMoG eine Reihe von Indikatoren, aus denen sich der Übergang von

18 Quelle: Bieg/Kußmaul/Petersen/Waschbusch/Zwirner, Bilanzrechtsmodernisierungsgesetz, München/Wien 2009, S. 47.

der Forschungs- zur Entwicklungsphase ableiten lassen könnte (vgl. BR-Drucks. 344/08, S. 131):

1. Übergang von der systematischen Suche zur Erprobung und zum Testen der gewonnenen Erkenntnisse und Fertigkeiten.
2. Entwurf von Werkzeugen, Spannvorrichtungen, Prägestempeln oder Gussformen unter Anwendung neuer Technologien.
3. Entwurf, Konstruktion und Betrieb einer Pilotanlage, die nur als Prototyp dient und für die kommerzielle Nutzung ungeeignet ist.
4. Entwurf, Konstruktion und Test neuer Prototypen und Modelle, bevor die Produktion aufgenommen wird.
5. Abschluss von Aktivitäten zur Erlangung neuer Kenntnisse.
6. Ende der Suche nach Alternativen für Materialien, Vorrichtungen, Produkte, Verfahren, Systeme oder Dienstleistungen.

Zur Entscheidung hinsichtlich der Abgrenzung zwischen Forschung und Entwicklung muss eine individuelle Beurteilung jedes Sachverhalts und jedes einzelnen Entwicklungsprojekts erfolgen. Trotz der genannten Hilfsmaßstäbe bleibt das subjektive Ermessen ein nicht zu unterschätzender Bestandteil im Rahmen der Bilanzierung und Bewertung selbst erstellter immaterieller Vermögensgegenstände des Anlagevermögens. Die Notwendigkeit des Treffens von auf bestimmten Wahrscheinlichkeiten basierenden Entscheidungen kann nie völlig ausgeschlossen werden.

Der Unterscheidung zwischen Forschung und Entwicklung kommt eine entscheidende Bedeutung zu. Alleine diese Abgrenzung entscheidet über die Ansatzmöglichkeit.

Aktivierung von Entwicklungsaufwendungen

Die Entscheidung eines Bilanzierenden für oder gegen eine Ausübung des Aktivierungswahlrechts hängt von mehreren Faktoren und der unternehmenspolitischen Zielsetzung ab. So wird es beispielsweise eine Rolle spielen, welche Bilanzierungsweise andere Unternehmen der gleichen Branche wählen. Die Vergleichbarkeit der einzelnen Abschlüsse untereinander kann im Wettbewerb um Kapital von Vorteil sein. Darüber hinaus richtet sich die Frage nach der Aktivierung von Entwicklungskosten nach der vom Unternehmen verfolgten Strategie. Die Aufnahme der Kosten in die Bilanz führt im Vergleich zu einer direkten Aufwandsverrechnung zunächst zu einem höheren Vermögensausweis, wodurch auch bilanzanalytische Kennzahlen wie zum Beispiel die Eigenkapitalquote unmittelbar beeinflusst werden. Trotzdem darf nicht vergessen werden, dass sich über die Notwendigkeit der Vornahme (planmäßiger) Abschreibungen in den Folgejahren dieser Effekt wieder umkehrt.

Entscheidet sich der Bilanzierende für die Aktivierung der Entwicklungskosten eines Patents, müssen – dem Stetigkeitsprinzip der Ansatzmethoden des § 246 Abs. 3 HGB folgend – alle im betreffenden Geschäftsjahr oder in zukünftigen Geschäftsjahren vorgenommenen Entwicklungen einheitlich aktiviert werden, sofern jeweils die entsprechenden Voraussetzungen hierfür erfüllt sind. Dabei kommt es nicht auf die Gleichartigkeit der Entwicklungen an, sondern nur auf die Tatsache, dass der Bilanzierende sich generell für eine Inanspruchnahme des Aktivierungswahlrechts entscheidet.

Folgendes Beispiel soll die Möglichkeiten der Bilanzierung selbst erstellter immaterieller Vermögensgegenstände des Anlagevermögens verdeutlichen (vgl. auch Bieg/Kußmaul/Petersen/Waschbusch/Zwirner 2009, S. 48):

Die Rocket AG entwickelt ein neuartiges Raketenantriebssystem und möchte sich dieses patentieren lassen. Die Forschungs- und Entwicklungskosten der Jahre 01, 02 und 03 belaufen sich auf insgesamt 4 Mio. €, wovon jeweils 1 Mio. € auf die Jahre 01 und 02 entfallen sowie 2 Mio. € dem Jahr 03 zugerechnet werden können. Im Jahr 01 handelt es sich eindeutig um Forschungskosten, wohingegen es sich in den beiden anderen Jahren zweifelsfrei um Entwicklungskosten handelt.

Nach der Neufassung des § 248 Abs. 2 HGB durch das BilMoG ergeben sich für das Unternehmen unterschiedliche Bilanzierungsmöglichkeiten. Zum einen könnte es die Entwicklungskosten der Jahre 02 und 03 ganz beziehungsweise teilweise aktivieren. Zum anderen besteht für das Unternehmen auch die Möglichkeit, die kompletten Entwicklungskosten jeweils im Jahr ihrer Entstehung als Aufwand zu verrechnen. Die gewählte Vorgehensweise unterliegt in der Folge dem Gebot der Ansatzstetigkeit nach § 246 Abs. 3 HGB. Im Fall der Aktivierung in der Handelsbilanz sind zudem aufgrund des Bilanzierungsverbots in der Steuerbilanz passive latente Steuern zu berücksichtigen. Macht der Bilanzierende von dem Aktivierungswahlrecht Gebrauch, sind die aktivierten Entwicklungskosten in den Folgejahren planmäßig abzuschreiben.

Wie die obigen Ausführungen belegen, stellt die Entscheidung der Bilanzierung selbst erstellter immaterieller Vermögensgegenstände des Anlagevermögens dem Grunde nach das Unternehmen bereits vor eine Reihe von Herausforderungen. Im Folgenden wird gezeigt, dass auch der Wertermittlung sowie der Wertentwicklung im Zeitablauf eine große Bedeutung beizumessen ist. Dabei ist für Bewertungszwecke zwischen der Zugangs- und der Folgebewertung zu unterscheiden.

Wenn Entwicklungskosten aktiviert werden, müssen diese künftig immer angesetzt werden. Eine fallweise Entscheidung lässt der Gesetzgeber nicht zu.

4.2 Bewertung selbst erstellter immaterieller Vermögensgegenstände des Anlagevermögens

Mit dem BilMoG verändern sich auch die bei einer Aktivierung zum Tragen kommenden Bewertungsmaßstäbe. Die Anforderungen an den Bilanzierenden nehmen dabei zu.

Wie sind selbst erstellte immaterielle Vermögensgegenstände des Anlagevermögens im Zugangszeitpunkt zu bewerten?
Welche Bestandteile der Herstellungskosten sind aktivierungspflichtig beziehungsweise -fähig?
Was sind nachträgliche Herstellungskosten und wie ist mit ihnen zu verfahren?
Wie sind selbst erstellte immaterielle Vermögensgegenstände des Anlagevermögens in der Folge zu bewerten?

Aktivierung selbst erstellter immaterieller Vermögensgegenstände des Anlagevermögens der Höhe nach: Zugangsbewertung

Der erstmalige Ansatzwert eines Vermögensgegenstands (**Zugangsbewertung**) nach § 248 Abs. 2 HGB richtet sich gemäß § 255 Abs. 2a Satz 1 HGB nach der in § 255 Abs. 2 HGB enthaltenen Herstellungskostendefinition. Auch diese Vorschrift hat durch BilMoG eine Modifikation erfahren, indem die handelsrechtliche Herstellungskostenuntergrenze an die steuerliche Wertuntergrenze und damit auch an den produktionsbezogenen Vollkostenansatz der IFRS angepasst wurde (vgl. hierzu auch noch die Ausführungen an späterer Stelle). Zu den aktivierungspflichtigen Herstellungskosten zählen nunmehr die Material- und Fertigungskosten, Sonderkosten der Fertigung sowie angemessene Teile der Material- und Fertigungsgemeinkosten und des Werteverzehrs des Anlagevermögens, soweit dieser durch die Fertigung veranlasst ist. Zusätzlich dürfen angemessene Teile der Kosten der allgemeinen Verwaltung und angemessene Aufwendungen für soziale Einrichtungen des Betriebs, freiwillige soziale Leistungen und die betriebliche Altersversorgung, soweit diese auf den Zeitraum der Herstellung entfallen, einbezogen werden. Im Einzelfall stellt die Ermittlung dieser Kostenbestandteile den Bilanzierenden vor eine große Herausforderung, da deren Bestimmung aufgrund der den immateriellen Vermögensgegenständen immanenten Unkörperlichkeit deutlich mehr von subjektiven Entscheidungen geprägt ist als beispielsweise bei einer produzierten Maschine, deren Herstellungskosten verlässlicher, da offensichtlicher scheinen.

Die neue Herstellungskostendefinition gemäß BilMoG ist nach Art. 66 Abs. 3 Satz 3 EGHGB erstmals auf Herstellungsvorgänge anzuwenden, mit denen in nach dem 31.12.2009 beginnenden Geschäftsjahren begonnen wurde.

Der anzusetzende Wert ist durch BilMoG deutlich erhöht worden. Auf die Zugangsbewertung wirkt sich auch die neue Herstellungskostendefinition des § 255 HGB aus.

Ermittlung der aktivierungspflichtigen und -fähigen Herstellungskosten

Wie bereits weiter vorne erläutert, hat sich die Grenze der **aktivierungspflichtigen Herstellungskosten** mit dem BilMoG erhöht. Eine Zusammenfassung beinhaltet nachstehende Tabelle, in welcher die handelsrechtlichen den steuerrechtlichen Regelungen aus den Einkommensteuerrichtlinien (EStR) gegenübergestellt werden (modifiziert entnommen aus Bieg/Kußmaul/Petersen/Waschbusch/Zwirner 2009, S. 107).

Kostenarten	**HGB i. d. F. des BilMoG**	**EStR**
Materialeinzelkosten	Pflicht	Pflicht
Fertigungseinzelkosten	Pflicht	Pflicht
Sonderkosten der Fertigung	Pflicht	Pflicht
Materialgemeinkosten	**Pflicht**	Pflicht
Fertigungsgemeinkosten	**Pflicht**	Pflicht
Werteverzehr des Anlagevermögens, soweit durch die Fertigung veranlasst	**Pflicht**	Pflicht
Wertuntergrenze		
Aufwendungen für soziale Einrichtungen des Betriebs	Wahlrecht	Wahlrecht
Aufwendungen für freiwillige soziale Leistungen	Wahlrecht	Wahlrecht
Aufwendungen für die betriebliche Altersversorgung	Wahlrecht	Wahlrecht
Fremdkapitalzinsen	Wahlrecht	Wahlrecht
Kosten der allgemeinen Verwaltung	Wahlrecht	Wahlrecht
Wertobergrenze		

Vertriebskosten	Verbot	Verbot
Forschungskosten	Verbot	Verbot

Tabelle 13: Herstellungskosten im Vergleich.

Die drei fett gedruckten Positionen Materialgemeinkosten, Fertigungsgemeinkosten sowie Werteverzehr des Anlagevermögens, soweit durch die Fertigung veranlasst, sind mit dem BilMoG zu aktivierungspflichtigen Herstellungskostenbestandteilen geworden. Nach altem Recht galt für diese drei Größen ein Aktivierungswahlrecht. Damit hat der Gesetzgeber im Zuge der **Vereinheitlichung der Wertuntergrenze** für die Handelsbilanz einen vergleichsweise höheren Wertansatz bei selbst erstellten Vermögensgegenständen verankert als zuvor.

In die Herstellungskosten nach handels- und steuerrechtlicher Definition waren und sind nur tatsächlich angefallene Aufwendungen einzubeziehen. Ein sog. kalkulatorischer Unternehmerlohn bleibt daher unberücksichtigt. Eine grundsätzliche Unterscheidung erfolgt zwischen Einzel- und Gemeinkosten. **Einzelkosten** lassen sich den hergestellten fertigen und unfertigen materiellen sowie immateriellen Vermögensgegenständen unmittelbar und verursachungsgerecht zuordnen. Hierzu gehören die Material- und Fertigungseinzelkosten sowie die Sondereinzelkosten der Fertigung. Bei den **Gemeinkosten** handelt es sich dagegen um mittelbare Aufwendungen, die erst über eine Schlüsselung zu dem hergestellten Produkt in Beziehung gesetzt werden können. Es ist weiter zwischen variablen und fixen Gemeinkosten zu differenzieren. Als **variable Gemeinkosten** gelten angemessene Teile der notwendigen Material- und Fertigungsgemeinkosten und des durch die Fertigung veranlassten Werteverzehrs des Anlagevermögens. Zu den **fixen Gemeinkosten** zählen darüber hinaus die Kosten der allgemeinen Verwaltung sowie Aufwendungen für soziale Einrichtungen des Betriebs, für freiwillige soziale Leistungen und für die betriebliche Altersversorgung. Unter bestimmten Voraussetzungen (das Fremdkapital dient der Herstellung und die Zinsen entfallen auf den Zeitraum der Herstellung) können auch Fremdkapitalzinsen angesetzt werden.

Den Inhalt der einzelnen aktivierungspflichtigen beziehungsweise -fähigen Kostenbestandteile erläutert nachfolgende Tabelle kurz (vgl. auch Knop/Küting 2003, Rn. 169 ff.):

Kostenbestandteil	Inhalt
Materialeinzelkosten	bewerteter Verbrauch an Roh- und Hilfsstoffen sowie selbst erstellte und fremdbezogene (Einbau-) Fertigteile
Fertigungseinzelkosten	bei der Produktion anfallende Löhne und Lohnnebenkosten sowie vergleichbare durch den Einsatz fremder Arbeitskräfte für die Produktion anfallende Aufwendungen
Sonderkosten der Fertigung	alle unmittelbar auf eine Leistungseinheit verrechenbaren Einzelkosten außer Fertigungsmaterial- und ggf. Fertigungslohnkosten, beispielsweise auch Kosten für die Patentanmeldung
Materialgemeinkosten	Personal- und Raumkosten im Zusammenhang mit Beschaffung, Lagerung, Verwaltung oder Wartung von Material
Fertigungsgemeinkosten	alle nicht als Kosten für Werkstoffe und Fertigungslöhne sowie Sonderkosten verrechnete Kosten für Leistungen
Werteverzehr des Anlagevermögens, soweit durch die Fertigung veranlasst	technischer, wirtschaftlicher und ggf. juristischer Abschreibungsbedarf
Aufwendungen für soziale Einrichtungen des Betriebs	zum Beispiel Kantinen, Sporteinrichtungen, Ferienerholungsheime etc.
Aufwendungen für freiwillige soziale Leistungen	zum Beispiel Weihnachtsgratifikation, Urlaubsgeld, Wohnungsbeihilfen etc.
Aufwendungen für die betriebliche Altersversorgung	Direktversicherungen, Zuwendungen an Pensions- und Unterstützungskassen, Pensionsrückstellungen etc.
Fremdkapitalzinsen	Zinsaufwendungen für Fremdkapital, mit welchem Produktionsfaktoren (zum Beispiel Maschinen, Rohstoffe) fremdfinanziert werden
Kosten der allgemeinen Verwaltung	zum Beispiel Aufwendungen für Geschäftsleitung, Wareneingang, Versand, Rechnungswesen, Betriebsrat etc.
Vertriebskosten	Kosten für die Verteilung der produzierten Vermögensgegenstände
Forschungskosten	Kosten der Grundlagenforschung, die keinen Bezug zur aktuellen Produktion (bestenfalls zu zukünftigen Produktionen) haben

Tabelle 14: (Mögliche) Bestandteile der Herstellungskosten.

Aufgrund der Tatsache, dass der Gesetzgeber durch das BilMoG die Anzahl der Wahlrechte innerhalb der Bemessung der Herstellungskosten begrenzt hat, wurde das bilanzpolitische Gestaltungspotenzial zwar eingeschränkt. Es verbleibt dem Bilanzierenden allerdings noch immer eine Vielzahl an Möglichkeiten hinsichtlich der Gestaltung der Wertobergrenze und damit des Vermögensausweises – mit den entsprechenden Konsequenzen für bilanzanalytische Auswertungen.

Folgendes Beispiel verdeutlicht die Möglichkeiten zur Wertfindung der Herstellungskosten (vgl. auch Petersen/Zwirner/Künkele 2009, S. 51 ff.).

Die F&E AG hat im Jahr 2010 ein neuartiges Bremssystem entwickelt, das alle Testläufe erfolgreich bestanden hat. Nunmehr soll dieses System durch ein Patent geschützt werden. Aus der Kalkulation des Unternehmens ergibt sich, dass für die Entwicklung und anschließend angelaufene Serienproduktion die folgenden Kosten angefallen sind:

– Materialeinzelkosten:	5 100 €
– Fertigungseinzelkosten:	10 000 €
– Materialgemeinkosten:	6 500 €
– davon angemessen/produktionsbezogen:	4 500 €
– Fertigungsgemeinkosten:	6 400 €
– davon angemessen/produktionsbezogen:	4 400 €
– Abschreibungen:	7 400 €
– davon produktionsbezogen:	4 000 €
– Allgemeine Verwaltungskosten:	3 600 €
– davon angemessen/produktionsbezogen:	1 600 €
– Aufwendungen für soziale Einrichtungen des Betriebs:	2 800 €
– davon angemessen/produktionsbezogen:	200 €
– Aufwendungen für freiwillige soziale Leistungen:	800 €
– davon angemessen/produktionsbezogen:	50 €
– Aufwendungen für die betriebliche Altersversorgung:	1 800 €
– davon angemessen/produktionsbezogen:	150 €
– Forschungskosten:	5 400 €
– davon produktionsbezogen:	3 200 €
– Vertriebskosten:	200 €.

Insgesamt sind Kosten in Höhe von 50 000 € angefallen.

Die F&E AG möchte das Wahlrecht zur Aktivierung der Entwicklungskosten ausüben. Sie hat daher die Möglichkeit, die angefallenen Aufwendungen als Herstellungskosten zur Wertuntergrenze oder zur Wertobergrenze anzusetzen (oder zu einem vertretbaren, nicht willkürlichen Zwischenwert).

Die Wertuntergrenze der Herstellungskosten ermittelt sich nach § 255 Abs. 2 HGB wie folgt:

Materialeinzelkosten	5 100 €
Fertigungseinzelkosten	10 000 €
angemessene/produktionsbezogene Materialgemeinkosten	4 500 €
angemessene/produktionsbezogene Fertigungsgemeinkosten	4 400 €
produktionsbezogene Abschreibungen	4 000 €
Wertuntergrenze	**28 000 €**

Tabelle 15: Wertuntergrenze der Herstellungskosten (Beispiel).

Darüber hinaus sind folgende Aufwendungen in die Herstellungskosten einbeziehungsfähig:

angemessene/produktionsbezogene allgemeine Verwaltungskosten	1 600 €
angemessene/produktionsbezogene Aufwendungen für soziale Einrichtungen des Betriebs	200 €
angemessene/produktionsbezogene Aufwendungen für freiwillige soziale Leistungen	50 €
angemessene/produktionsbezogene Aufwendungen für die betriebliche Altersversorgung	150 €
Wertobergrenze	**30 000 €**

Tabelle 16: Wertobergrenze der Herstellungskosten (Beispiel).

Die nicht auf den Produktionsprozess entfallenden oder nicht angemessenen Kostenbestandteile aus den Bereichen Material (2 000 €), Fertigung (2 000 €) und Abschreibungen (3 400 €) sind ebenso nicht ansatzfähig wie die nicht angemessenen beziehungsweise nicht auf die Produktion entfallenden Aufwendungen für die allgemeine Verwaltung (2 000 €), soziale Einrichtungen des Betriebs (2 600 €), freiwillige soziale Leistungen (750 €) und die betriebliche Altersvorsorge (1 650 €). Für die Forschungs- und Vertriebskosten in Höhe von insgesamt 5 600 € besteht darüber hinaus ein gesetzliches Ansatzverbot.

Nachträgliche Herstellungskosten fallen an, wenn es sich um Aufwendungen für die Erweiterung eines Vermögensgegenstands oder für eine wesentliche, über den ursprünglichen Zustand hinausgehende Verbesserung handelt. Hierbei ist eine Abgrenzung von anfallendem Erhaltungsaufwand vorzunehmen. Nicht bilanzierungsfähiger Erhaltungsaufwand liegt vor, wenn die durchgeführten Arbeiten nur dazu dienen, einen Vermögensgegenstand in einem ordnungsmäßigen Zustand zu erhalten (vgl. Coenenberg/Haller/Schultze 2009, S. 83 f.). Erfolgt bei einem Vermögensgegenstand dagegen eine Mehrung der Substanz oder wird die Verbrauchsbeziehungsweise Verwertungsmöglichkeit wesentlich verändert, handelt es sich um bilanzierungspflichtige Vermögensmehrungen. Die hierfür aufgewendeten Kosten sind bei aktivierten selbst erstellten immateriellen Vermögensgegenständen als nachträgliche Herstellungskosten zu erfassen.

Die Abgrenzung der zutreffenden Herstellungskosten erfordert umfassende Informationen aus dem Controlling. Entscheidend für den erstmaligen Ansatz und die Zugangsbewertung ist die Zurechenbarkeit der angefallenen Kosten zu dem betreffenden immateriellen Vermögensgegenstand.

Aktivierung selbst erstellter immaterieller Vermögensgegenstände des Anlagevermögens der Höhe nach: Folgebewertung

Für Zwecke der **Folgebewertung** ist der aktivierte Vermögensgegenstand beziehungsweise sind die aktivierten Entwicklungskosten zunächst **planmäßig** über die Nutzungsdauer im Wert zu mindern. Hierbei ist auf die ›normalen‹, in § 253 Abs. 3 HGB enthaltenen Vorschriften der Folgebewertung abzustellen. Dies bedeutet, dass die planmäßigen Abschreibungen so zu bemessen sind, dass sie die »Herstellungskosten auf die Geschäftsjahre verteilen, in denen der Vermögensgegenstand voraussichtlich genutzt werden kann« (§ 253 Abs. 3 Satz 2 HGB). **Beginn des Abschreibungszeitraums** ist die Fertigstellung beziehungsweise Überlassung des zeitlich begrenzt nutzbaren Vermögensgegenstands, d. h., wenn eine bestimmungsgemäße Nutzung des Anlageguts möglich ist (vgl. Hoyos/Schramm/M. Ring 2006, Rn. 224). Erfolgt der Zugang im Verlauf eines Monats, wird dieser Monat bereits mit berücksichtigt (vgl. Karrenbauer/Döring/Buchholz 2003, Rn. 118).

Für Zwecke der Wertermittlung am Bilanzstichtag im Rahmen einer Werthaltigkeitsprüfung ist auf **IDW S 5** (Grundsätze zur Bewertung immaterieller Vermögenswerte) Bezug zu nehmen. Darin werden betriebswirtschaftliche Bewertungsgrundsätze zur Bewertung immaterieller Vermögensgegenstände normiert. Als Verfahren werden dort sowohl marktpreis- als auch kapitalwert- und kostenorientierte Methoden genannt. Bei einer handelsrechtlichen Bewertung von Patenten gelangen insbesondere kapitalwertorientierte Verfahren (zum Beispiel Cashflow-Prognose) zur Anwendung.

Liegt eine voraussichtlich dauerhafte Wertminderung vor, hat zusätzlich – rechtsformunabhängig – eine außerplanmäßige Abschreibung auf den niedrigeren, am Abschlussstichtag beizulegenden Wert zu erfolgen. Damit kommt das im Anlagevermögen geltende **gemilderte Niederstwertprinzip** zum Tragen, wonach – mit Ausnahme von Finanzanlagen – nur außerplanmäßig abgeschrieben werden muss, wenn die zum Bilanzstichtag eingetretene Wertminderung nicht nur vorübergehend ist. Diese Vorgehensweise resultiert daraus, dass das Anlagevermögen dazu bestimmt ist, dauernd dem Geschäftsbetrieb zu dienen und daher eine nicht dauerhaft bestehende Wertminderung aufgrund der langfristigen Betriebszugehörigkeit nicht von Relevanz ist.

Hierbei kommt der Frage nach der Bestimmung der Dauerhaftigkeit einer Wertminderung eine besondere Bedeutung zu. Obwohl das Thema in der Literatur häufig diskutiert wurde, lässt sich trotzdem aufgrund der Vielfältigkeit von Geschäftsvorfällen und der herrschenden Rahmenbedingungen kein einheitlicher ›Übergangszeitpunkt‹ von einer nicht dauerhaften zu einer dauerhaften Wertminderung festlegen (vgl. beispielsweise Lüdenbach/Hoffmann 2009, S. 4 ff.).

Fallen die Gründe für eine vorgenommene außerplanmäßige Wertminderung zu einem späteren Zeitpunkt wieder weg, ist gemäß § 253 Abs. 5 HGB eine Wertaufholung (**Zuschreibung**) zwingend erforderlich. Dabei gelten weiterhin die fortgeführten Herstellungskosten als Höchstgrenze, bis zu der eine Zuschreibung erfolgen kann.

Im Rahmen der Folgebewertung spielt IDW S 5 eine große Rolle. Neben der Berücksichtigung planmäßiger Abschreibungen stellt außerdem die Bestimmung der Dauerhaftigkeit einer Wertminderung eine große Herausforderung dar.

4.3 Gesamtbetrachtung – Abbildungsmöglichkeiten für selbst erstellte immaterielle Vermögensgegenstände des Anlagevermögens im Vergleich

Die Betrachtung zur Abbildung selbst erstellter immaterieller Vermögensgegenstände in der externen Rechnungslegung ist komplex. Je nach betrachtetem Regelungskreis ergeben sich unterschiedliche Handhabungen.

Welche Unterschiede bestehen bei der Abbildung selbst erstellter immaterieller Vermögensgegenstände des Anlagevermögens vor und nach BilMoG?
Welche Unterschiede bestehen bei der Abbildung selbst erstellter immaterieller Vermögensgegenstände des Anlagevermögens nach den steuerlichen Regelungen?

Im Vergleich der neuen handelsrechtlichen Normen sowohl zum deutschen Steuerrecht als auch zu den internationalen Normen zeigt sich, dass die entsprechenden Regelungen im Bereich der selbst erstellten immateriellen Vermögensgegenstände des Anlagevermögens beziehungsweise der

Entwicklungskosten teilweise erheblich voneinander abweichen. Dies resultiert nicht zuletzt daraus, dass das Steuerrecht die Änderungen des § 248 Abs. 2 HGB explizit nicht übernimmt, sondern stattdessen in § 5 Abs. 2 EStG weiterhin ein Aktivierungsverbot für nicht entgeltlich erworbene immaterielle Vermögensgegenstände des Anlagevermögens besteht. Nachfolgende Abbildung gibt einen tabellarischen Überblick über den Status quo der Behandlung von selbst erstellten immateriellen Vermögensgegenständen des Anlagevermögens beziehungsweise Forschungs- und Entwicklungskosten.

	EStG	**HGB (i. d. F. vor BilMoG)**	**HGB (i. d. F. nach BilMoG)**
Ansatz selbst erstellter immaterieller Vermögensgegenstände des Anlagevermögens	Verbot gemäß § 5 Abs. 2 EStG	Verbot gemäß § 248 Abs. 2 HGB a. F.	Wahlrecht gemäß § 248 Abs. 2 HGB
Ansatz von Forschungskosten	Verbot gemäß § 5 Abs. 2 EStG	Verbot gemäß § 248 Abs. 2 HGB a. F.	Verbot (implizit durch § 255 Abs. 2a Satz 1 HGB sowie durch § 255 Abs. 2 Satz 4 HGB)
Ansatz von Entwicklungskosten	Verbot gemäß § 5 Abs. 2 EStG	Verbot gemäß § 248 Abs. 2 HGB a. F.	Wahlrecht gemäß § 248 Abs. 2 Satz 1 HGB i. V. m. § 255 Abs. 2a Satz 1 HGB

Tabelle 17: Abbildungsmöglichkeiten für selbst erstellte immaterielle Vermögensgegenstände des Anlagevermögens im Vergleich.

Eine Vergleichbarkeit einzelner Rechenwerke untereinander wird durch die aufgezeigte Vielfalt deutlich erschwert, da davon auszugehen ist, dass sich die Unternehmen nicht einheitlich für beziehungsweise gegen eine Inanspruchnahme des Aktivierungswahlrechts entscheiden werden.

Der Weg von der Frage nach der Aktivierungsmöglichkeit für einen selbst erstellten immateriellen Vermögensgegenstand des Anlagevermögens bis hin zu seiner Abbildung im Jahresabschluss ist in der folgenden Abbildung dargestellt.

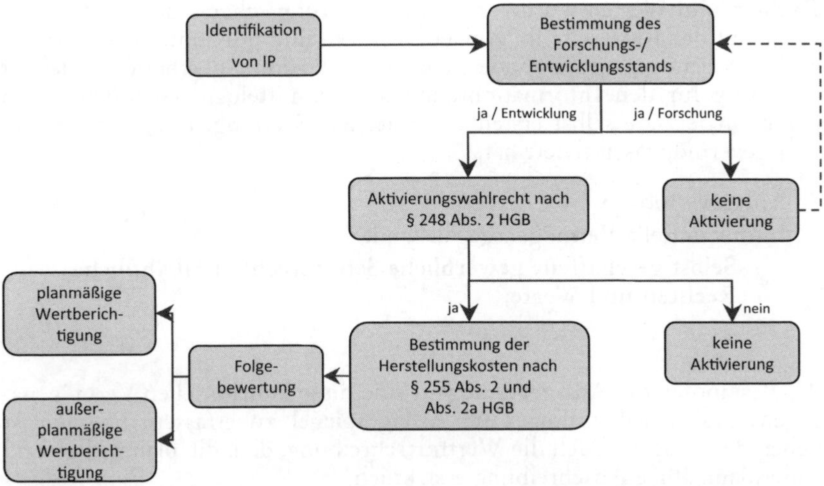

Abbildung 15: Weg der Aktivierung selbst erstellter immaterieller Vermögenswerte des Anlagevermögens nach § 248 Abs. 2 HGB.

Das Aktivierungswahlrecht des § 248 Abs. 2 HGB erschwert den bilanziellen Vergleich einzelner Unternehmen miteinander.

4.4 Berichterstattung über selbst erstellte immaterielle Vermögensgegenstände des Anlagevermögens

Einhergehend mit der bilanziellen Erfassung von selbst erstellten immateriellen Werten rücken auch Anforderungen an die Berichterstattung in den Vordergrund. Neben dem Ausweis der relevanten Beträge in den Rechenwerken sind die Angabepflichten zu beachten.

Wo sind selbst erstellte immaterielle Vermögensgegenstände des Anlagevermögens in der Bilanz und der Gewinn- und Verlustrechnung auszuweisen?
Wie ist im Anhang und im Lagebericht über selbst erstellte immaterielle Vermögensgegenstände des Anlagevermögens zu berichten?

Für Zwecke des **Bilanzausweises** von nach BilMoG nunmehr aktivierungsfähigen selbst geschaffenen gewerblichen Schutzrechten und ähnlichen

Rechten und Werten wurde im Bilanzgliederungsschema des § 266 Abs. 2 HGB auf der Aktivseite im Anlagevermögen und dort unter den immateriellen Vermögensgegenständen eine neue Position geschaffen. Hier ist zukünftig für den Informationsadressaten unmittelbar ersichtlich, wenn der Bilanzierende selbst erstellte immaterielle Vermögensgegenstände des Anlagevermögens aktiviert hat.

A. Anlagevermögen
  I. Immaterielle Vermögensgegenstände
    1. **Selbst geschaffene gewerbliche Schutzrechte und ähnliche Rechten und Werte;**
    2. …

Als Bestandteil des Anlagevermögens sind diese immateriellen Vermögensgegenstände darüber hinaus im **Anlagespiegel** zu erfassen. Hieraus ist neben dem Zugang auch die Wertfortschreibung, d. h. die planmäßige und außerplanmäßige Abschreibung ersichtlich.

In der **Gewinn- und Verlustrechnung** werden die im Rahmen der Entwicklung beziehungsweise Herstellung angefallenen Kosten konsequenterweise aufgrund der Aktivierung in der Bilanz nicht gezeigt. Erfasst werden hier allerdings die planmäßigen und außerplanmäßigen **Abschreibungen**. Damit tangiert die im Aktivierungszeitpunkt zunächst ergebnisneutrale Abbildung des Herstellungsvorgangs in den Folgejahren dennoch den unternehmerischen Erfolgsausweis.

Mit § 285 Nr. 22 HGB (Einzelabschluss) beziehungsweise § 314 Abs. 1 Nr. 14 HGB (Konzernabschluss) sind im **Anhang** bei Inanspruchnahme des Wahlrechts in § 248 Abs. 2 HGB der Gesamtbetrag der Forschungs- und Entwicklungskosten des Geschäftsjahrs ebenso wie der davon auf die selbst geschaffenen immateriellen Vermögensgegenstände des Anlagevermögens entfallende Betrag anzugeben. Mit dieser Anhangangabe soll den Jahresabschlussadressaten ein besseres Verständnis der im Unternehmen beziehungsweise Konzern angefallenen Forschungs- und Entwicklungskosten sowie deren Verhältnisses zueinander ermöglicht werden (vgl. Waschbusch 2009, S. 509 sowie Waschbusch 2009a, S. 562 f.). Darüber hinaus ist auf diese Weise erkennbar, in welchem Umfang überhaupt in Forschung und Entwicklung investiert wurde, d. h. wie innovativ das Unternehmen beziehungsweise der Konzern tätig ist.

Darüber hinaus ist im **Lagebericht** über Forschungs- und Entwicklungsprojekte zu berichten. Dabei ist auch auf eventuell in diesem Zusammenhang bestehende Risiken einzugehen.

Die Aktivierung selbst erstellter immaterieller Vermögensgegenstände des Anlagevermögens spiegelt sich an vielen Stellen in den einzelnen Elementen der Berichterstattung wider.

4.5 Folgewirkungen aus der Neufassung von § 248 HGB

Die Neuregelungen durch das BilMoG, die die Aktivierung selbst erstellter immaterieller Vermögensgegenstände erlauben, führen dazu, dass im Weiteren rechtliche Folgen zu beachten sind. Zu nennen sind Konsequenzen für die Steuerabgrenzung sowie die Ausschüttung.

Welche Konsequenzen ergeben sich im Fall der Aktivierung selbst erstellter immaterieller Vermögensgegenstände des Anlagevermögens für latente Steuern?
Welche Konsequenzen ergeben sich im Fall der Aktivierung selbst erstellter immaterieller Vermögensgegenstände des Anlagevermögens für die Ausschüttungssperre nach § 268 Abs. 8 HGB?

Latente Steuern

Der handelsrechtlichen Aktivierungsmöglichkeit für selbst erstellte immaterielle Vermögensgegenstände des Anlagevermögens steht das steuerlich unverändert geltende Aktivierungsverbot für nicht entgeltlich erworbene Wirtschaftsgüter des Anlagevermögens nach § 5 Abs. 2 EStG entgegen. Dies bedeutet, dass bei Ausübung des Aktivierungswahlrechts durch den Bilanzierenden eine temporäre Abweichung im Vermögensausweis zwischen der Handels- und der Steuerbilanz besteht. Hierauf sind nach § 274 Abs. 1 Satz 1 HGB erfolgswirksam passive latente Steuern abzugrenzen (vgl. zur Abgrenzung latenter Steuern Petersen/Zwirner 2009, S. 416 ff.).

Ausschüttungssperre nach § 268 Abs. 8 HGB

Im Fall der Aktivierung selbst erstellter immaterieller Werte des Anlagevermögens ist die in § 268 Abs. 8 HGB normierte **Ausschüttungssperre** zu beachten. Hiermit bringt der Gesetzgeber zum Ausdruck, dass diesen aktivierten Werten eine gewisse Unsicherheit innewohnt. Der Regelung zufolge darf die Ausschüttung von Gewinnen nur insoweit erfolgen, als die anschließend verbleibenden frei verfügbaren Rücklagen – hierzu zählen die Gewinnrücklagen sowie die frei verwendbare Kapitalrücklage – zuzüglich eines Gewinnvortrags beziehungsweise abzüglich eines Verlustvortrags mindestens dem insgesamt angesetzten Betrag entspricht, wobei hiervon auch noch die auf den angesetzten Betrag gebildeten passiven latenten Steuern, die aufgrund der Ungleichbehandlung in Handels- und Steuerbilanz entstehen, abzuziehen sind. Letzteres dient der Vermeidung der Doppelerfassung der latenten Steuern als Aufwand. Mit dieser Ausschüttungssperre wird weiterhin dem Vorsichtsgedanken sowie dem Gläubigerschutzprinzip Rechnung getragen (vgl. Zwirner 2009, S. 472).

Die Folgewirkungen aus einer Aktivierung selbst erstellter immaterieller Vermögensgegenstände müssen bereits beim Treffen der Aktivierungsentscheidung berücksichtigt werden.

4.6 Spezielle Übergangsvorschriften in Art. 66 EGHGB

Mit den Neuregelungen durch das BilMoG geht die Notwendigkeit einher, den Übergang auf das neue Recht zu regeln. Es muss unterschieden werden zwischen früheren Entwicklungsvorgängen und den ab 2010 beginnenden Entwicklungen.

Wie ist im Übergangszeitpunkt mit laufenden Entwicklungsprojekten zu verfahren?
Ab wann dürfen selbst erstellte immaterielle Vermögensgegenstände des Anlagevermögens erstmals aktiviert werden?

Nach Art. 66 Abs. 3 EGHGB gelten die Neuregelungen der §§ 248 und 255 HGB durch das BilMoG erstmals für nach dem 31.12.2009 beginnende Geschäftsjahre. Darüber hinaus regelt Art. 66 Abs. 7 EGHGB explizit, dass der neue § 248 HGB nur auf solche selbst geschaffenen immateriellen Vermögensgegenstände des Anlagevermögens anzuwenden ist, mit deren Entwicklung in nach dem 31.12.2009 beginnenden Geschäftsjahren begonnen wurde. Damit soll vermieden werden, dass es zu einer Zäsur innerhalb eines Entwicklungsprozesses kommt und auf einen selbst erstellten immateriellen Vermögensgegenstand des Anlagevermögens entfallende Entwicklungskosten nur zum Teil aktiviert werden können. Sofern die Forschungsphase eines Produkts in 2009 liegt, mit der Entwicklung aber im Jahr 2010 begonnen wird, ist eine Aktivierung der in 2010 und später anfallenden Entwicklungskosten möglich.

Liegt der Übergang zwischen Forschungs- und Entwicklungsphase nah beim Übergangsstichtag auf das BilMoG, ist die genaue Abgrenzung wichtig für die zu treffende Bilanzierungsentscheidung.

4.7 Fazit zur Bilanzierung immateriellen Vermögens

Die bilanzielle Abbildung immateriellen Vermögens und insbesondere selbst erstellter immaterieller Werte ist sehr komplex. Bewertungsfragen rücken ebenso in den Mittelpunkt der bilanzpolitischen Möglichkeiten wie entsprechende Berichtspflichten. Die Abbildung eigener Patente in der Bilanz wird künftig möglich sein, stellt aber sehr hohe Anforderungen an den Bilanzierenden.

Welche Schwierigkeiten bestehen im Zusammenhang mit selbst erstellten immateriellen Vermögensgegenständen des Anlagevermögens?

Der Gesetzgeber hat die Notwendigkeit zur bilanziellen Erfassung von selbst erstellten immateriellen Vermögensgegenständen im HGB-Abschluss erkannt. Folgerichtig eröffnen die durch das BilMoG neu geschaffenen gesetzlichen Regelungen dem Bilanzierenden zahlreiche Möglichkeiten, selbst geschaffene Patente zu bilanzieren. An der bilanziellen Erfassung und Bewertung erworbener Patente ändert sich nichts.

Die Bilanzierungsentscheidung hinsichtlich Ansatz und Bewertung von selbst geschaffenen Patenten (im Sinne eines selbst erstellten immateriellen Vermögensgegenstands) strahlt auf verschiedene Ebenen im Unternehmen aus und führt zu zahlreichen Folgewirkungen.

1. Die Entwicklungs- und Forschungsphase müssen verlässlich voneinander abgrenzbar sein. Erst wenn diese Unterscheidung gelingt, ist eine Aktivierung überhaupt möglich.
2. Die zu aktivierenden Herstellungskosten der Entwicklung müssen seitens des Controllings zweifelsfrei bestimmt werden. Nur so lässt sich die Zugangsbewertung zutreffend vornehmen.
3. Die Nutzungsdauer der aktivierten Patente muss bestimmt werden, um eine planmäßige Abschreibung richtig vornehmen zu können.
4. Zu jedem Bilanzstichtag ist der bilanzielle Wertansatz zu überprüfen. Insbesondere IDW S 5 liefert hier Vorgaben, wie die Wertermittlung und die damit zusammenhängende Werthaltigkeitsprüfung zu erfolgen hat.
5. Entscheidet sich der Bilanzierende für den Ansatz selbst geschaffener Patente, so ist er auch in Zukunft an diese Entscheidung gebunden. Alle eigenständigen Entwicklungsprojekte müssen dann künftig bilanziert und bewertet werden, sofern die entsprechenden Voraussetzungen erfüllt sind.
6. Neben der bilanziellen Abbildung selbst erstellter immaterieller Werte in der Bilanz sind die Folgewirkungen (Abgrenzung latenter Steuern und Ausschüttungssperre) ebenso zu beachten wie die notwendigen Anhangangaben.

Die Bilanzierung von Patenten stellt weit mehr als eine alleine rechnungslegungsbezogene Fragestellung dar. Neben Ansatzfragen rückt im Besonderen die Berichterstattung in den Vordergrund. Die Darstellung von Innovationskraft lässt sich künftig nach HGB besser vermitteln als zuvor. Gleichzeitig gewinnen weitere Aspekte an Bedeutung, die Ausfluss bilanzpolitischer Zielsetzungen sein können.

5 Ergänzende Bemerkungen

Im Zusammenhang mit der Bilanzierung von immateriellem Vermögen sind zahlreiche Folgewirkungen und Interdependenzen zu anderen Bereichen zu beachten. Dabei sind nicht zuletzt auch bilanzpolitische Aspekte für das Unternehmen außerordentlich wichtig. Das BilMoG erlaubt mit Blick auf die Bilanzierung von Patenten eine Annäherung an die international übliche Vorgehensweise nach IFRS.

Wie sind fremd erworbene immaterielle Vermögensgegenstände zu behandeln?
Welche bilanzpolitischen Möglichkeiten bestehen im Zusammenhang mit immateriellen Bilanzpositionen?
Welche bilanzanalytischen Möglichkeiten bestehen im Zusammenhang mit immateriellen Bilanzpositionen?
Wie stellt sich das Vorgehen nach IFRS dar?

5.1 Fremd erworbene immaterielle Vermögensgegenstände

Die bilanzielle Behandlung fremd erworbener immaterieller Werte bleibt durch BilMoG unverändert. Im Mittelpunkt steht hier nach wie vor die richtige Einschätzung von Nutzungsdauern bei der planmäßigen Abschreibung sowie die Frage der Werthaltigkeit zum Bilanzstichtag.

Welche Unterschiede bestehen zwischen der Abbildung selbst erstellter beziehungsweise fremd erworbener immaterieller Vermögensgegenstände des Anlagevermögens?

An der bilanziellen Behandlung fremd erworbener immaterieller Vermögensgegenstände hat sich durch das BilMoG nichts geändert. Aufgrund der Tatsache, dass es sich hierbei gerade nicht um vom Bilanzierenden selbst hergestellte Produkte handelt, deren Bewertung einem subjektiven Ermessen unterliegt, stellt sich die Erfassung dieser Vermögensgegenstände nicht anders dar als beispielsweise die Erfassung von fremd erworbenem Sachanlagevermögen. Fremd erworben bedeutet, dass es eine Transaktion zwischen fremden Dritten gegeben hat. **Der gezahlte Preis** – oder auch der im Rahmen eines Tauschs festgelegte Wert – stellt ein objektiv festgesetztes

Kriterium dar und bildet den **Zugangswert**, mit dem der Bilanzansatz erfolgt. Sofern die Vermögensgegenstandseigenschaft erfüllt ist – und hiervon ist aufgrund der Fremdtransaktion auszugehen – besteht eine **Aktivierungspflicht**.

Nach der Neueinfügung einer Position im Bilanzgliederungsschema zum Ausweis der selbst erstellten immateriellen Vermögensgegenstände des Anlagevermögens hat sich die Bezeichnung des Postens für entgeltlich erworbenes immaterielles Vermögen konkretisierend verändert. Die Erfassung erfolgt zukünftig an folgender Stelle:

A. Anlagevermögen
  I. Immaterielle Vermögensgegenstände
    1. …
    2. entgeltlich erworbene Konzessionen, gewerbliche Schutzrechte und ähnliche Rechte und Werte sowie Lizenzen an solchen Rechten und Werten;
    3. …

Mit dem Zusatz »entgeltlich erworbene« wird die Trennung zu den neu aufgenommenen selbst erstellten Werten des immateriellen Anlagevermögens deutlich hervorgehoben. Im Wege eines Tauschs erworbene Vermögensgegenstände werden von der Formulierung ebenfalls erfasst.

Die weitere bilanzielle Behandlung im Zusammenhang mit der **Folgebewertung** der zwingend zu aktivierenden fremd erworbenen immateriellen Vermögensgegenstände folgt der oben bereits dargestellten Vorgehensweise, so dass es an dieser Stelle hierzu keiner gesonderten Ausführungen bedarf.

Die Bilanzierung fremd erworbener immaterieller Vermögensgegenstände wurde durch das BilMoG nicht verändert. Als Zugangswert gelten die Anschaffungskosten. Die Folgebewertung richtet sich nach der Vorgehensweise bei selbst erstellten immateriellen Vermögensgegenständen.

5.2 Bilanzpolitik mit immateriellen Bilanzpositionen

Auf Grund der Ausgestaltung der Neuregelungen zur bilanziellen Erfassung von selbst erstellten immateriellen Vermögensgegenständen stellen sich dem Bilanzierenden neue Möglichkeiten, durch eine bewusste bilanzpolitische Zielsetzung seine Vermögens- und Ertragslage zu beeinflussen.

Welche bilanzpolitischen Möglichkeiten bestehen im Zusammenhang mit dem Übergang auf das neue Recht?
Welche bilanzpolitischen Möglichkeiten bieten sich grundsätzlich bei der Aktivierung selbst erstellter immaterieller Vermögensgegenstände des Anlagevermögens?

Mit der Frage nach der Inanspruchnahme des Wahlrechts zur Aktivierung selbst erstellter immaterieller Vermögensgegenstände des Anlagevermögens im Allgemeinen und von Patenten im Speziellen geht die Abwägung damit verbundener bilanzpolitischer Möglichkeiten einher.

So ist im Jahr der Aktivierung ein **Vermögenszuwachs** ebenso wie eine **geringere Ergebnisbelastung** zu erzielen. Allerdings darf nicht vergessen werden, dass sich dieser Effekt in den Folgejahren aufgrund der vorzunehmenden **planmäßigen Abschreibungen**, die dann erfolgswirksam zu erfassen sind, wieder **umkehrt**. In diesem Zusammenhang muss der Bilanzierende auch die Nutzungsdauer bestimmen, über die der Vermögensgegenstand planmäßig abzuschreiben ist. Da es sich bei selbst erstellten immateriellen Werten vielfach um individuelle, wenig oder nur stark eingeschränkt vergleichbare Werte handelt, bietet die **Abschätzung** dieser **Nutzungsdauer** einen bilanzpolitischen Spielraum.

Darüber hinaus ist festzuhalten, dass dem Bilanzierenden auch bei der Zuordnung von Aufwendungen zur **Forschungs- oder Entwicklungsphase** ein Ermessensspielraum zuzurechnen ist, da keine eindeutigen Regelungen zur trennscharfen Abgrenzung der beiden Phasen voneinander formuliert werden können. Hierbei gilt es, die Frage nach der Wahrscheinlichkeit, mit der aus der Entwicklung tatsächlich ein Vermögensgegenstand entsteht und damit eine Aktivierung möglich ist, zu beantworten. Insofern kann durch eine ›Steuerung‹ der Entwicklungskosten und als Konsequenz auch der Aktivierungsmöglichkeit ein nicht unerheblicher Gestaltungsspielraum ausgeschöpft werden.

Hinsichtlich der zu jedem Bilanzstichtag vorzunehmenden **Bewertung** bieten sich dem Bilanzierenden in hohem Umfang Freiheitsgrade. Das Gesetz gibt hier keine standardisierte Methode zur Wertermittlung vor. Sowohl für Fragen einer möglichen außerplanmäßigen Abschreibung als auch einer ggf. in späteren Jahren vorzunehmenden Zuschreibung ist der Wert jedes einzelnen aktivierten immateriellen Vermögensgegenstands regelmäßig, spätestens zum Bilanzstichtag, zu ermitteln.

Auch der einmalige Übergang auf das neue Bilanzrecht bietet Möglichkeiten zur Bilanzpolitik im Zusammenhang mit der Beurteilung des Fertigstellungsgrads von Forschungs- beziehungsweise Entwicklungsprojekten. Je nach Zeitpunkt des Eintritts in die Entwicklungsphase ist eine Aktivierung der Kosten unter Berücksichtigung von Art. 66 Abs. 7 EGHGB bereits möglich oder nicht. Wird beispielsweise noch vor dem 31.12.2009 mit der

Entwicklung begonnen, sind alle dem Vermögensgegenstand im Folgenden zuzurechnenden Entwicklungskosten von der Aktivierung ausgeschlossen. Beginnt der Bilanzierende ab dem 01.01.2010 mit der Entwicklung, kann er das Aktivierungswahlrecht ausüben. Wann genau die Forschungsphase eindeutig abgeschlossen ist, unterliegt dabei einer subjektiven Wertung des Bilanzierenden.

Das Aktivierungswahlrecht für selbst erstellte immaterielle Vermögensgegenstände des Anlagevermögens kann für Zwecke einer progressiven Bilanzpolitik ausgeübt werden. Einen deutlichen Ermessensspielraum eröffnet die Abgrenzungsnotwendigkeit von Forschungs- und Entwicklungsaufwendungen. Ebenso unterliegt die Einschätzung der planmäßigen Abschreibungsdauer weit reichenden subjektiven Annahmen des Bilanzierenden.

5.3 Bilanzanalyse mit immateriellen Bilanzpositionen

Einhergehend mit den bilanzpolitischen Möglichkeiten gewinnt die Bilanzanalyse im Kontext selbst erstellter immaterieller Werte an Bedeutung.
Welche Konsequenzen ergeben sich aus der Aktivierung selbst erstellter immaterieller Vermögensgegenstände des Anlagevermögens für die Bilanzanalyse?

Aus den oben erläuterten bilanzpolitischen Überlegungen heraus stellt sich die Frage, ob und wenn ja in welchem Umfang bislang als Aufwand erfasste Kosten aktiviert werden sollen. Im Falle einer **Aktivierung** kommt es zu einer **Bilanzverlängerung** durch die Erhöhung des Anlagevermögens sowie des Eigenkapitals. Gleichzeitig wird das **Jahresergebnis** durch den ›fehlenden‹ Aufwand verbessert. In den folgenden Geschäftsjahren wird das Jahresergebnis dann durch die Abschreibungen der selbst geschaffenen immateriellen Vermögensgegenstände des Anlagevermögens belastet.

In dem Geschäftsjahr der Aktivierung **reduzieren** sich grundsätzlich die **Kennzahlen**, bei denen im Rahmen der Verhältnisbildung die Bilanzsumme im Nenner eines Quotienten steht. Während die Anlagenintensität (Anlagevermögen/Bilanzsumme) steigen wird, wird die Umlaufintensität (Umlaufvermögen/Bilanzsumme) sinken.

Die Eigenkapitalquote wird sich verbessern. In der Finanzierungsanalyse verbessert sich der statische Verschuldungsgrad (Eigenkapital/Fremdkapital). Das Jahresergebnis verbessert sich ebenfalls.

Die Rentabilitätskennzahlen (Eigenkapitalrentabilität, Gesamtkapitalrentabilität und Umsatzrentabilität) steigen tendenziell.

Aus den gesetzlich geforderten Anhangangaben sowie einer Berücksichtigung der Folgewirkungen im Zusammenhang mit der Ausschüttungssperre sowie der Abgrenzung latenter Steuern lässt sich die Bilanzpolitik des Bilanzierenden für den Bilanzanalysten nachvollziehen.

5.4 Vorgehen nach IFRS

Zwar führen die Neuregelungen durch das BilMoG dazu, dass sich die handelsrechtlichen Neuerungen den IFRS annähern. Allerdings erfolgt diese Annäherung nicht vollumfänglich. Vielmehr bleiben Unterschiede zwischen HGB und IFRS bestehen.

Welche Aktivierungskriterien gelten für selbst erstellte immaterielle Vermögenswerte nach den Vorschriften der IFRS?
Wie ist ein Vermögenswert nach IFRS zu definieren?
Welche Kosten sind Bestandteile der Herstellungskosten nach IFRS?
Wie gestalten sich die Zugangs- und die Folgebewertung?

Mit der Änderung der Regelungen des § 248 Abs. 2 HGB haben sich die handelsrechtlichen Normen zur Bilanzierung selbst erstellter immaterieller Vermögenswerte den internationalen Normen angenähert. Abweichend zum nunmehr bestehenden Aktivierungswahlrecht des HGB enthält **IAS 38** eine **Pflicht zur Aktivierung** selbst erstellter immaterieller Vermögenswerte des Anlagevermögens. Insgesamt ist die bislang im deutschen Recht geltende Unterscheidung zwischen selbst erstellten und entgeltlich erworbenen immateriellen Vermögenswerten in den internationalen Normen unbekannt.

Eine Annäherung der HGB-Normen an die IFRS erfolgt allerdings nicht vollumfänglich, denn Letztere beinhalten mit IAS 38.57 ein Aktivierungsgebot für Entwicklungskosten, sofern bestimmte Voraussetzungen erfüllt sind. Die in § 248 Abs. 1 Nr. 1–3 sowie Abs. 2 HGB normierten Ausnahmetatbestände von dem Aktivierungswahlrecht entsprechen den in IAS 38.63 explizit aufgeführten Sachverhalten und umfassen die Bilanzierung nicht entgeltlich erworbener Marken, Drucktitel, Verlagsrechte, Kundenlisten oder vergleichbarer immaterieller Vermögensgegenstände des Anlagevermögens. Bezüglich des expliziten Verbots der Aktivierung von auf die Forschungsphase entfallenden Aufwendungen nach § 255 Abs. 2 Satz 4

HGB respektive IAS 38.54 besteht nunmehr ebenso ein Gleichklang zwischen nationalen und internationalen Normen wie hinsichtlich der nicht zugelassenen Aktivierung von Aufwendungen, falls keine eindeutige Trennung zwischen Forschungs- und Entwicklungsphase möglich ist (vgl. § 255 Abs. 2a Satz 4 HGB; IAS 38.53).

In der Praxis unterscheidet sich die Aktivierung von Entwicklungskosten nach HGB und nach IFRS in zwei Punkten:

1. Die Aktivierung von Entwicklungskosten nach HGB setzt das Vorliegen eines verwertbaren Vermögensgegenstands voraus. Diese eigenständige Verwertbarkeit fordert IAS 38 nicht.
2. In der Praxis kann allerdings eine Aktivierung von Entwicklungskosten nach HGB bereits früher als nach IFRS möglich sein, da das HGB nicht auf sechs kumulativ zu erfüllende Voraussetzungen abstellt.

Gemäß IAS 38.8 i. V. m. den Definitionsmerkmalen eines Vermögenswerts des Framework (vgl. F.49a) gelten aus Sicht des Bilanzierenden die folgenden **Definitions- und Ansatzkriterien** für einen immateriellen Vermögenswert nach IFRS (vgl. Mindermann/Hartmann 2009, S. 85):

Vermögenswert	– Bilanzierender hat die Verfügungsmacht – Wirtschaftsgut ist Ergebnis vergangener Ereignisse – Wirtschaftsgut bringt künftigen wirtschaftlichen Nutzen
immateriell	– Vermögenswert ist identifizierbar – Vermögenswert ist nicht monetär – Vermögenswert ist ohne physische Substanz
allgemeine Ansatzkriterien	– Vermögenswert bringt zukünftigen hinreichend wahrscheinlichen Nutzenzufluss – zuverlässige Bewertung ist möglich

Den selbst erstellten immateriellen Vermögenswerten messen die IFRS ebenfalls eine größere **Unsicherheit** im Rahmen der Wertbestimmung bei als den entgeltlich erworbenen, weil zum einen die Bestimmung des Zeitpunkts, zu dem die Vermögenswertdefinition erfüllt ist, mitunter schwierig ist und zum anderen wegen des fehlenden Anschaffungsvorgangs ein objektivierter Preis fehlt. Vor diesem Hintergrund ist es zu erklären, dass die IFRS an die Aktivierbarkeit selbst erstellter immaterieller Vermögenswerte **höhere Anforderungen** stellen als im Falle eines Fremderwerbs. Sind diese allerdings erfüllt, besteht – anders als nach HGB – eine Pflicht zur Aktivierung der entsprechenden Vermögenswerte. Dabei dürfen jedoch nicht alle während des Herstellungsprozesses angefallenen Kosten in der Bilanz angesetzt werden. IAS 38.54 normiert ein **Aktivierungsverbot für Forschungskosten**. Ebenso müssen die Kosten, die nicht eindeutig der Entwicklungsphase zugeordnet werden können, direkt als Aufwand verrechnet werden. Hier zeigt sich deutlich die Annäherung zwischen deutschen und internationalen Normen. Nur in den Fällen, in denen eindeutig Kosten zur Entwicklung vorliegen, müssen diese bei Erfüllung der Vermögenswerteigenschaft einer Aktivierung zugeführt werden.

Als **Forschung** gilt die eigenständige und planmäßige Suche nach neuen wissenschaftlichen Erkenntnissen (vgl. IAS 38.8). **Entwicklung** umfasst die der Forschung nachgelagerten Tätigkeiten. Es geht dabei also um die planmäßige Anwendung von Forschungsergebnissen oder anderem Wissen zur Gewinnung neuer oder verbesserter Materialien, Methoden oder Verfahren.

Entwicklungskosten unterliegen einem **Aktivierungsgebot**, sofern die folgenden **sechs Kriterien kumulativ** erfüllt sind:

- Die Fertigstellung des immateriellen Vermögenswerts, damit er zur Nutzung oder zum Verkauf zur Verfügung steht, ist technisch realisierbar.
- Das Unternehmen hat die Absicht, den immateriellen Vermögenswert fertig zu stellen, um diesen selbst zu nutzen (intern) oder zu veräußern (extern).
- Das Unternehmen hat die Fähigkeit, den immateriellen Vermögenswert intern zu nutzen oder extern zu verkaufen.
- Das Unternehmen kann nachweisen, dass ihm aus dem immateriellen Vermögenswert ein Nutzenzufluss entsteht (entweder interne Brauchbarkeit oder externe Verfügbarkeit eines Marktes).
- Das Unternehmen verfügt über ausreichende technische, finanzielle und sonstige Ressourcen, um die Entwicklung fertig zu stellen und den Vermögenswert anschließend selbst zu nutzen oder ihn zu veräußern.
- Die im Rahmen der Entwicklung entstehenden und dem immateriellen Vermögenswert zuzurechnenden Ausgaben sind verlässlich bewertbar.

Die Einschätzung des Bilanzierenden hinsichtlich der Erfüllung dieser Kriterien unterliegt seinem **subjektiven Ermessen**. Aus diesem Grund erwächst aus dieser Norm ein gewisser bilanzpolitischer Spielraum, innerhalb dessen ein Unternehmen sich bewegen kann.

Der **Zugangswert** der entgeltlich erworbenen immateriellen Vermögenswerte sind die Anschaffungskosten, die selbst erstellten immateriellen Vermögenswerte werden mit ihren Herstellungskosten angesetzt. Zu den **Anschaffungskosten** gehören der Kaufpreis, die Anschaffungsnebenkosten und alle direkt zurechenbaren Kosten, die zur Versetzung in einen gebrauchsbereiten Zustand erforderlich sind. Anschaffungspreisminderungen werden abgezogen. Die **Herstellungskosten** setzen sich wie folgt zusammen (vgl. auch Bieg/Kußmaul/Petersen/Waschbusch/Zwirner 2009, S. 107):

Kostenarten	IFRS
Materialeinzelkosten	Pflicht
Fertigungseinzelkosten	Pflicht
Sonderkosten der Fertigung	Pflicht
Materialgemeinkosten	Pflicht
Fertigungsgemeinkosten	Pflicht
Werteverzehr des Anlagevermögens, soweit durch die Fertigung veranlasst	Pflicht
Aufwendungen für soziale Einrichtungen des Betriebs	Pflicht (produktionsbezogener Anteil)
Aufwendungen für freiwillige soziale Leistungen	Pflicht (produktionsbezogener Anteil)
Aufwendungen für die betriebliche Altersversorgung	Pflicht (produktionsbezogener Anteil)
Fremdkapitalzinsen (nur bei *qualifying assets*)	Pflicht (produktionsbezogener Anteil)
Kosten der allgemeinen Verwaltung	Pflicht (produktionsbezogener Anteil)
IFRS-Wertansatz (= gesamte Einzelkosten, variable Gemeinkosten und anteilige fixe Fertigungsgemeinkosten)	

Tabelle 18: Herstellungskosten nach IFRS.

Für Zwecke der **Folgebewertung** wird zwischen dem Anschaffungskostenmodell (Cost Model) und dem Neubewertungsmodell (Revaluation Model) unterschieden (vgl. Mindermann/Hartmann 2009, S. 89 ff.). Beim **Anschaffungskostenmodell** ist zunächst nach Vermögenswerten mit begrenzter und mit unbegrenzter Nutzungsdauer zu differenzieren. Vermögenswerte mit **begrenzter Nutzungsdauer** werden **planmäßig** über den Nutzungszeitraum **abgeschrieben**, wobei die Abschreibungsmethode dem erwarteten Verbrauch des zukünftigen Nutzens zu entsprechen hat. Im Rahmen eines Impairment Test ist darüber hinaus zu überprüfen, ob Anzeichen für eine außerplanmäßige Wertminderung gegeben sind. Trifft dies zu, sind darüber hinaus **außerplanmäßige Abschreibungen** zu berücksichtigen.

Immaterielle Vermögenswerte mit **unbegrenzter Nutzungsdauer** müssen einmal jährlich einem Impairment Test unterzogen werden. Ist eine Wertminderung eingetreten, muss dieser über die Vornahme **außerplanmäßiger Abschreibungen** Rechnung getragen werden.

Gelangt die **Neubewertungsmethode** zur Anwendung, kann der Vermögenswert im Zeitpunkt der Neubewertung zu seinem **Fair Value** abzüglich **kumulativer planmäßiger und außerplanmäßiger Abschreibungen** angesetzt werden. Eine Neubewertung muss in regelmäßigen Abständen durchgeführt werden, um ein zu großes Auseinanderfallen von Zeitwert und Buchwert zu vermeiden. Die Neubewertung immaterieller Vermögenswerte bedingt das **Vorhandensein eines aktiven Marktes**. Da ein solcher aktiver Markt für immaterielle Vermögenswerte in den wenigsten Fällen gegeben ist, kommt der Neubewertungsmethode in der Praxis naturgemäß keine große Bedeutung zu.

Der Ansatzpflicht nach IFRS steht nach HGB damit ein Ansatzwahlrecht entgegen. Beide Ausprägungen der Regelung beinhalten bilanzpolitische Möglichkeiten. Will der Bilanzierende eine weitgehende Übereinstimmung mit den IFRS erreichen, bietet ihm die Neuregelung des § 248 Abs. 2 HGB die entsprechende Möglichkeit. Ein Unterschied bleibt hinsichtlich der Abgrenzung des Vermögenswerts nach IAS 38 und des Vermögensgegenstands nach HGB, da Letzterer einzeln verwertbar und veräußerbar sein muss. Diese Anforderung ist an die Vermögenswertdefinition nach IFRS nicht zu stellen.

6 Beispiel

Die in den vorangegangenen Kapiteln dargestellten theoretischen Grundlagen zur Bilanzierung und Bewertung immateriellen Vermögens – speziell selbst erstellter immaterieller Vermögensgegenstände nach den Neuregelungen des BilMoG – gelangen anhand eines Praxisbeispiels anschaulich zur Anwendung.

Woran lässt sich der Übergang zwischen Forschungs- und Entwicklungsphase festmachen?
Ab wann liegt ein aktivierungsfähiger Vermögensgegenstand vor?
Wie sieht die bilanzielle Erfassung der angefallenen Kosten in den Jahren 2009, 2010 und 2011 aus?
In welcher Höhe erfolgt der Bilanzansatz?

Die Sonne und Strom AG ist im Bereich erneuerbarer Energien, insbesondere Stromgewinnung durch Solartechnik, tätig. Seit vielen Jahren arbeitet das Unternehmen daran, ein Solarmodul zu entwickeln, das effektiver als jemals zuvor Sonnenlicht in Energie umwandeln kann. Gleichzeitig ist es ein Ziel, dass die Herstellung billiger als bislang möglich ist, so dass viele Haushalte sich für die Nutzung der innovativen Technik der Sonne und Strom AG entscheiden. Auf diese Weise möchte das Unternehmen einen Beitrag zur Verbreitung umweltschonender Energiegewinnung in Deutschland leisten.

Die Sonne und Strom AG ist sich ihrer gesellschaftlichen Verantwortung hinsichtlich des Klimaschutzes bewusst und investiert daher hohe Beträge, um den Prototyp eines effizienten Solarmoduls möglichst bald fertig stellen zu können. Nach anfänglichen Schwierigkeiten und zahlreichen fehlgeschlagenen Tests gelingt es dem Unternehmen schließlich, Ende 2009 einen Materialmix zu generieren, der über die gewünschte Stabilität verfügt. Im nächsten Schritt muss seine Energieeffizienz verbessert werden. Dieser Prozess stellt sich aus Unternehmenssicht bald sehr viel versprechend dar. Ende März 2010 ist der Prototyp »Sun One« fertig gestellt und wird in der sich anschließenden Entwicklungsphase ausführlichen Tests unterzogen.

Im Zuge des im Jahr 2010 eingeleiteten Patenterteilungsverfahrens kommt die Sonne und Strom AG zu dem Ergebnis, dass ihr die Freedom-to-Operate-Rechte zustehen. Damit ist von der Nutzung des selbst geschaffenen Patents und deren Verwertbarkeit auszugehen.

Im Geschäftsjahr 2009 fallen Forschungskosten in Höhe von 9,0 Mio. € an. Von Januar bis März 2010 belaufen sich die Forschungskosten auf 3,3 Mio. €. Mit dem Eintritt in die Entwicklungsphase i. S. v. § 255 Abs. 2a HGB im April 2010 fallen bis zum Bilanzstichtag 31.12.2010 folgende Kosten an:

Kostenarten	**Betrag (in Mio. €)**
Materialeinzelkosten	5,8
Fertigungseinzelkosten	4,2
Sonderkosten der Fertigung	1,0
Patenterteilungsverfahrenskosten	0,1
Materialgemeinkosten	2,3
Fertigungsgemeinkosten	1,8
Werteverzehr des Anlagevermögens, soweit durch Fertigung veranlasst	0,5
Aufwendungen für soziale Einrichtungen des Betriebs	0,1
Aufwendungen für freiwillige soziale Leistungen	0,1
Aufwendungen für die betriebliche Altersversorgung	0,2
Fremdkapitalzinsen	0,9
Kosten der allgemeinen Verwaltung	1,0
Summe	**18,0**

Tabelle 19: Zum 31.12.2010 angefallene Kosten (Beispiel).

Nach erfolgreichem Abschluss der weiteren Entwicklung des Prototyps beginnt ab dem Geschäftsjahr 2011 die Serienfertigung dieses Solarmoduls bei einer erwarteten Nutzung über sechs Geschäftsjahre. Bereits Ende 2010 hat sich die Sonne und Strom AG die neuartige und innovative Technik von »Sun One« als Patent schützen lassen.

Aufgrund der bahnbrechenden Forschungs- und Entwicklungsergebnisse ist davon auszugehen, dass die neue Technik die Produktion von Solarmodulen weltweit verändern wird. Daher ist der dem Patent für »Sun One« eigentlich zurechenbare Wert um ein Vielfaches höher als die im Rahmen der Entwicklung angefallenen Herstellungskosten. Zum Bilanzstichtag 31.12.2010 schätzt die Sonne und Strom AG den Wert des Patents – ermittelt über eine DCF-Methode unter Anwendung der Regelungen nach IDW S 5 – auf 88 Mio. €.

Das Geschäftsjahr der Sonne und Strom AG entspricht dem Kalenderjahr. Der Übergang auf das BilMoG erfolgt zum 01.01.2010. Bestehende Wahlrechte möchte das Unternehmen dergestalt ausüben, dass das Jahresergebnis beziehungsweise das Eigenkapital möglichst hoch ausfallen. Davon verspricht sich das Unternehmen bessere Finanzierungsmöglichkeiten bei Banken mit Blick auf bessere Financial Covenants. Außerdem wird einer hohen Eigenkapitalquote ein positiver Effekt im Rahmen des angestrebten Börsengangs beigemessen. Der maßgebliche Steuersatz der Sonne und Strom AG beträgt 30 %.

Lösung des Beispiels

Für Zwecke der bilanziellen Erfassung und Bewertung des selbst erstellten immateriellen Vermögensgegenstands – d. h. des Patents an dem Solarmodul »Sun One« – ist zunächst eine Unterscheidung zwischen den einzelnen Geschäftsjahren vorzunehmen. Darüber hinaus ist auch zwischen der Forschungs- und der Entwicklungsphase zu differenzieren.

Geschäftsjahr 2009:

Im Geschäftsjahr 2009 sind ausschließlich **Forschungskosten** angefallen. In diesem Jahr hat die Sonne und Strom AG zwar schon versucht, ein funktionsfähiges Solarmodul zu entwickeln – diese Versuche sind allerdings fehlgeschlagen. Damit war das Unternehmen noch auf der »Suche nach neuen wissenschaftlichen oder technischen Erkenntnissen« (§ 255 Abs. 2a Satz 3 HGB) und befand sich eindeutig noch in der Forschungsphase. Insbesondere aufgrund der Fehlschläge kann in 2009 noch keine zuverlässige Aussage über die technische Verwertbarkeit und die wirtschaftlichen Erfolgsaussichten des geplanten Solarmoduls gemacht werden.

Gemäß den Regelungen des HGB (sowohl vor als auch nach Inkrafttreten des BilMoG) dürfen Forschungskosten nicht aktiviert werden, sondern sind in der Periode ihres Anfalls unmittelbar als Aufwand in der Gewinn- und Verlustrechnung zu erfassen.

Buchungssatz 2009:

gesamter Forschungsaufwand (vereinfacht)	an	Bank	9,0 Mio. €

Da auch nach Übergang auf das BilMoG zum 01.01.2010 weiterhin keine Forschungskosten aktiviert werden dürfen, ergeben sich keine Besonderheiten im Zusammenhang mit der Fortführung dieses Wertansatzes.

Geschäftsjahr 2010:

Der Abschluss für das Geschäftsjahr 2010 der Sonne und Strom AG wird erstmals nach den Regelungen des BilMoG erstellt.

Seit Ende 2009 verfügt die Sonne und Strom AG zwar über das Wissen zu einem Materialmix, der zum gewünschten Zielprodukt führen kann. Die Effizienz des Produkts und damit seine Nutzbarkeit ist allerdings zunächst – bis Ende März 2010 – noch nicht vorhanden. Damit liegt quasi ein Teil des Prototyps (nämlich das Material) bereits vor, die Funktionsweise des Moduls ist allerdings noch nicht ausreichend entwickelt. Insgesamt betrachtet lässt sich noch kein eindeutiger Abschluss der Forschungsarbeiten konstatieren. Erst Ende März ist der Prototyp tatsächlich fertig gestellt und die Forschungsphase damit beendet.

Im Geschäftsjahr 2010 fallen folglich sowohl Forschungs- als auch Entwicklungskosten an, insgesamt i. H. v. 21,3 Mio. €. Angabegemäß findet der Übergang zwischen beiden Phasen zum 31.03.2010 beziehungsweise 01.04.2010 statt, beide Phasen sind erst zu diesem Zeitpunkt eindeutig voneinander abgrenzbar.

Für die von Januar bis März aufgelaufenen **Forschungskosten** i. H. v. 3,3 Mio. € gilt – wie auch schon für den entsprechenden Betrag des Jahres 2009 – ein Aktivierungsverbot, d. h., die Kosten stellen Aufwand der Periode 2010 dar.

Die **Entwicklungskosten** sind abweichend von den Forschungskosten zu betrachten. Ab dem Eintritt in die Entwicklungsphase besteht nach § 248 Abs. 2 HGB die Möglichkeit, die für das Patent »Sun One« angefallenen Kosten zu aktivieren.

Voraussetzung ist jedoch, dass das Patent beziehungsweise die Patentanmeldung die Aktivierungsvoraussetzungen erfüllt, insbesondere einzeln verwertbar ist. Dies scheint vorliegend der Fall zu sein, da die Sonne und Strom AG das Patent samt Know-how veräußern könnte. Außerdem sind zwei auch bei der Eingangsbewertung mit den Entwicklungskosten zu berücksichtigende patentrechtliche Aspekte, die Freedom-to-Operate und die Inhaberschaft der Sonne und Strom AG an dem Patent (siehe Kap. 3.3.1), allem Anschein nach gegeben.

Anhand der nachfolgenden Tabelle zeigt sich, dass die sechs Kriterien, die als Orientierungshilfe zur Beurteilung der Wahrscheinlichkeit der Fertigstellung der Entwicklung dienen (siehe Kap. 4.1), im vorliegenden Fall erfüllt sind:

1. Der aus der Entwicklungsphase resultierende Vermögensgegenstand muss technisch realisierbar sein.	Mit der Fertigstellung des funktionsfähigen und effizient arbeitenden Prototyps des Solarmoduls »Sun One« ist dies erreicht.	✓
2. Im Unternehmen besteht die Absicht, den Vermögensgegenstand fertig zu stellen.	Die Sonne und Strom AG will das Solarmodul in Serie produzieren und am Markt veräußern.	✓

3. Das Unternehmen ist in der Lage, den Vermögensgegenstand zu nutzen oder zu verkaufen.	Die große Nachfrage nach regenerativer Energie und die bisherige Erfahrung und Reputation der Sonne und Strom AG führen dazu, dass das Unternehmen die Solarmodule erfolgreich am Markt wird absetzen können.	✓
4. Das Unternehmen kann den Nachweis des zukünftigen wirtschaftlichen Nutzens erbringen.	Aufgrund der zunehmenden Bedeutung regenerativer Energiequellen ist der zukünftige wirtschaftliche Nutzen von »Sun One« belegbar sichergestellt.	✓
5. Das Unternehmen ist in der Lage nachzuweisen, dass es über ausreichend technische, finanzielle und sonstige Ressourcen zur Fertigstellung und anschließenden Verwendung des Vermögensgegenstands verfügt.	Der Produktionsbetrieb der Sonne und Strom AG belegt dies.	✓
6. Das Unternehmen ist in der Lage, in der Entwicklungsphase angefallene Ausgaben verlässlich zu bewerten.	Die Organisation der Kostenrechnung der Sonne und Strom AG lässt dies problemlos zu.	✓

Tabelle 20: Erfüllung der Kriterien zur Orientierung (Beispiel).

Das Patent stellt damit einen selbst erstellten immateriellen Vermögensgegenstand des Anlagevermögens dar, da die Sonne und Strom AG es langfristig selbst zu nutzen beabsichtigt. Die **Zugangsbewertung** erfolgt mit den Herstellungskosten. Aufgrund der Prämisse, dass Jahresergebnis sowie Eigenkapital möglichst hoch ausfallen sollen, wird das Unternehmen den Ansatz zur handelsrechtlichen Wertobergrenze vornehmen. Diese berechnet sich folgendermaßen:

Kostenarten	**Betrag (in Mio. €)**
Materialeinzelkosten	5,8
Fertigungseinzelkosten	4,2
Sonderkosten der Fertigung (inkl. Patenterteilungsverfahrenskosten)	1,1
Materialgemeinkosten	2,3
Fertigungsgemeinkosten	1,8

Werteverzehr des Anlagevermögens, soweit durch Fertigung veranlasst	0,5
Wertuntergrenze	**15,7**
Aufwendungen für soziale Einrichtungen des Betriebs	0,1
Aufwendungen für freiwillige soziale Leistungen	0,1
Aufwendungen für die betriebliche Altersversorgung	0,2
Fremdkapitalzinsen	0,9
Kosten der allgemeinen Verwaltung	1,0
Wertobergrenze	**18,0**

Tabelle 21: Ermittlung der anzusetzenden Wertobergrenze (Beispiel).

Aufgrund der Tatsache, dass die Serienproduktion von »Sun One« erst im Geschäftsjahr 2011 anlaufen wird, sind in 2010 noch keine Vertriebskosten angefallen. Für diese würde nach § 255 Abs. 2 Satz 4 HGB ein Aktivierungsverbot gelten.

Die **Aktivierung** des Patents erfolgt in der neu geschaffenen Bilanzposition des § 266 Abs. 2 A. I. 1. HGB, die entsprechende Neutralisation des Aufwands in der Gewinn- und Verlustrechnung über die ›anderen aktivierten Eigenleistungen‹. Als Zugangswert kommt die Wertobergrenze i. H. v. 18,0 Mio. € zum Tragen.

Da der immaterielle Vermögensgegenstand erst zum Ende des Geschäftsjahrs 2010 fertig gestellt worden ist, erfolgt die bilanzielle Erfassung auch erst zum 31.12.2010. Daher sind zum Bilanzstichtag noch keine **Abschreibungen** vorzunehmen.

Steuerrechtlich ist nach § 5 Abs. 2 EStG die Aktivierung der Herstellungskosten für »Sun One« verboten. Dies bedeutet, dass die angefallenen Aufwendungen i. H. v. 18,0 Mio. € im Geschäftsjahr 2010 in voller Höhe als Aufwand zu erfassen sind. Zum Bilanzstichtag besteht daher aus diesem Geschäftsvorfall eine Abweichung zwischen Handels- und Steuerbilanz i. H. v. 18,0 Mio. €, auf die **latente Steuern** abzugrenzen sind. Da sich der handelsrechtlich höhere Vermögensausweis in den Folgejahren aufgrund der vorzunehmenden planmäßigen Abschreibungen wieder ausgleicht, handelt es sich um eine nur temporäre Differenz. Nach § 274 Abs. 1 Satz 1 HGB müssen auf eine sich ergebende zukünftige Steuerbelastung passive latente Steuern abgegrenzt werden. In der Bilanz werden diese in dem neu geschaffenen Posten »E. Passive latente Steuern« gezeigt, in der Gewinn- und Verlustrechnung erfolgt die Erfassung als latenter Steueraufwand. Unter Berücksichtigung des unternehmensindividuellen Steuersatzes von 30 % ergibt sich ein Betrag von (18,0 × 30 % =) 5,4 Mio. €.

Wird der immaterielle Vermögensgegenstand in den Folgejahren planmäßig abgeschrieben, sind im gleichen Verhältnis auch die passiven latenten Steuern wieder aufzulösen.

Buchungssätze 2010:

gesamter Forschungs- und Entwicklungsaufwand (vereinfacht)	an	Bank	21,3 Mio. €
Selbst geschaffene gewerbliche Schutzrechte und ähnliche Rechte und Werte	an	andere aktivierte Eigenleistungen	18,0 Mio. €
Latenter Steueraufwand	an	passive latente Steuern	5,4 Mio. €

Der zum Bilanzstichtag von der Sonne und Strom AG geschätzte höhere Wert des Patents (88,0 Mio. €) ist nicht objektivierbar und daher für die Bilanzierung irrelevant.

Die Sonne und Strom AG hat die neuen Vorschriften zur **Ausschüttungssperre** des § 268 Abs. 8 HGB zu beachten. Auf die Höhe des ausschüttungsgesperrten Betrags wirkt sich die Aktivierung des Patents folgendermaßen aus:

aktivierte selbst erstellte immaterielle Vermögensgegenstände des Anlagevermögens	18,0 Mio. €
./. darauf gebildete passive latente Steuern	./. 5,4 Mio. €
= ausschüttungsgesperrter Betrag	12,6 Mio. €

Tabelle 22: Ermittlung des ausschüttungsgesperrten Betrags (Beispiel).

Im **Anhang** muss die Sonne und Strom AG die Regelung in § 285 Nr. 22 HGB beachten. Demnach sind der Gesamtbetrag der Forschungs- und Entwicklungskosten des Geschäftsjahrs 2010 (21,3 Mio. €) sowie der davon auf die selbst erstellten immateriellen Vermögensgegenstände des Anlagevermögens entfallende Betrag (18,0 Mio. €) anzugeben. Eine Aufschlüsselung in Forschungs- und Entwicklungskosten ist nicht erforderlich, sondern die Angabe des Gesamtbetrags ist ausreichend.

Geschäftsjahr 2011:

Die **Erwartungen** der Sonne und Strom AG werden vollumfänglich **erfüllt**. Unter Anwendung von IDW S 5 beträgt der Wert des Patents zum 31.12.2011 sogar 224,0 Mio. €.

Die aktivierten Entwicklungskosten müssen **planmäßig** über sechs Jahre **abgeschrieben** werden. Die positive Wertentwicklung zeigt, dass eine außerplanmäßige Wertminderung nicht eingetreten ist, so dass **keine außerplanmäßigen Abschreibungen** zu erfassen sind. Die planmäßige Abschreibung für das Geschäftsjahr 2011 beträgt (18,0/6 =) 3,0 Mio. €. Der Restbuchwert zum 31.12.2011 liegt damit bei (18,0 ./. 3,0 =) 15,0 Mio. €.

Korrespondierend zur planmäßigen Abschreibung sind auch die angesetzten **passiven latenten Steuern** zu einem Sechstel aufzulösen. Der Auflösungsbetrag ist (5,4/6 =) 0,9 Mio. €.

Buchungssätze 2011:

planmäßige Abschreibungen	an	Selbst geschaffene gewerbliche Schutzrechte und ähnliche Rechte und Werte	3,0 Mio. €
passive latente Steuern	an	latenter Steuerertrag	0,9 Mio. €

Wichtige Begriffe

Aktivierungsfähigkeit
Der Begriff umfasst die Kriterien, nach denen ein Vermögensgegenstand in die Bilanz aufgenommen werden kann oder nicht. Es wird zwischen abstrakter und konkreter Aktivierungsfähigkeit unterschieden.

Anhang
Der Anhang dient der Erläuterung einzelner Positionen der Bilanz und der Gewinn- und Verlustrechnung.

Äquivalente Patentverletzung
Eine Realisierung der in einem Patentanspruch geschützten Erfindung nicht in identischer (wortsinngemäßer) Weise, sondern mit Abweichungen, welche aber nahe liegend sind.

Ausschüttungssperre
Als Ausschüttungssperre wird die gesetzliche Vorkehrung bezeichnet, dass die Haftungssubstanz eines Unternehmens bestimmten Beschränkungen unterliegt. Demnach darf ein Unternehmen nur in einer Höhe Gewinn ausschütten, bei der die verfolgte Unternehmenserhaltungskonzeption nicht verletzt wird.

Bilanz
In der Bilanz werden die Vermögensgegenstände (Aktiva) dem Kapital (Passiva) des Unternehmens zum Abschlussstichtag gegenüber gestellt.

Ergänzendes Schutzzertifikat
Eine Verlängerung der Laufzeit eines Patents für ein Arzneimittel oder Pflanzenschutzmittel von 20 auf maximal 25 Jahre.

Entwicklungsphase
Die Entwicklungsphase umfasst die Anwendung von Forschungsergebnissen oder von anderem Wissen zur Neuentwicklung von Gütern oder Verfahren beziehungsweise für die Weiterentwicklung bereits bestehender Güter oder Verfahren durch wesentliche Änderungen.

Externes Rechnungswesen
Das externe Rechnungswesen ist für die Erstellung der Bilanz und der Gewinn- und Verlustrechnung zuständig.

Folgebewertung	Die Folgebewertung bezeichnet die Wertfortschreibung von in der Bilanz enthaltenen Vermögensgegenständen und Schulden und umfasst damit die weitere Wertentwicklung, nachdem der Zugang in der Bilanz erfolgt ist, bis der Vermögensgegenstand beziehungsweise die Schuld wieder aus dem Unternehmen ausscheidet.
Forschungsphase	Als Forschung wird die eigenständige und planmäßige Suche nach neuen Erkenntnissen wissenschaftlicher oder technischer Art oder nach Erfahrungen allgemeiner Art verstanden, über deren technische Verwertbarkeit und wirtschaftlichen Erfolgsaussichten grundsätzlich keine Aussage getroffen werden kann.
Gebrauchsmuster-Abzweigung	Die Möglichkeit, aus einem noch nicht erteilten Patent kurzfristig ein bei Gericht durchsetzbares Gebrauchsmuster zu erzeugen.
Gewerblicher Rechtsschutz	Das Rechtsgebiet der Schutzrechte, also insbesondere der Patente, Marken, Geschmacksmuster und Patente.
Gewinn- und Verlustrechnung	Die Gewinn- und Verlustrechnung (GuV) ist eine Zeitraumrechnung, die sämtliche Erträge und Aufwendungen eines Geschäftsjahres zusammenfasst.
Internes Rechnungswesen	Das interne Rechnungswesen besteht aus der Betriebsabrechnung und der Kalkulation.
Inventar	Das Inventar ist ein genaues Verzeichnis aller Vermögensgegenstände und Schulden. Die Tätigkeit der mengen- und wertmäßigen Bestandsaufnahme bezeichnet man als Inventur.
Jahresabschluss	Der Jahresabschluss ist das Ergebnis der externen Rechnungslegung dient im Wesentlichen dem Ziel der Informationsvermittlung und der Rechenschaftslegung. Er besteht aus Bilanz, Gewinn- und Verlustrechnung und gegebenenfalls Anhang.
Jahresgebühren	Die Gebühren, die jährlich zur Aufrechterhaltung eines Patents gezahlt werden müssen.
Lagebericht	Im Lagebericht sind der Geschäftsverlauf und die Zukunftsperspektiven des Unternehmens so darzustellen, dass ein den tatsächlichen Verhältnissen entsprechendes Bild entsteht.
Laufzeit	Die maximale Lebensdauer eines Schutzrechts.

Latente Steuern	Latente Steuern stellen Aktiv- beziehungsweise Passivposten dar, die dem Ausgleich der aus dem zwischen Handels- und Steuerbilanz bestehenden Vermögensunterschied resultierenden Differenz und damit der Angleichung zwischen tatsächlicher sowie wirtschaftlich verursachter Steuerbe- beziehungsweise -entlastung dienen.
Patentanspruch	Das zentrale Element eines Patents, welches bestimmt, was durch das Patent geschützt wird.
PCT-Anmeldung	Eine internationale Patentanmeldung.
Priorität	Die Möglichkeit, sich für eine spätere Nachanmeldung auf den früheren Zeitrang einer Erstanmeldung zu berufen.
Rechnungsabgrenzungsposten	Rechnungsabgrenzungsposten dienen der periodengerechten Erfolgsermittlung. Sie werden gebildet, um Zahlungen zuzuordnen, die vor dem Abschlussstichtag getätigt wurden, aber erst in einer späteren Periode Aufwand beziehungsweise Ertrag sind.
Vermögensgegenstand	Handelsrechtlich liegt ein Vermögensgegenstand vor bei einem Gut, das einzeln veräußerbar und damit selbstständig verwertbar ist. Der Finanzrechtsprechung folgend knüpft die Vermögensgegenstandseigenschaft an die Tatbestände ›bilanzielle Greifbarkeit‹ sowie ›selbstständige Bewertbarkeit‹ an. Sind die Kriterien jeweils erfüllt, ist die abstrakte Aktivierungsfähigkeit und damit ein Vermögensgegenstand gegeben.
Vermögens-, Finanz- und Ertragslage	Die zentrale Aufgabe des Jahresabschlusses ist es, ein zutreffendes Bild von der Vermögens-, Finanz- und Ertragslage des Unternehmens zu geben.
Wertobergrenze	Als Wertobergrenze gilt der Betrag, der maximal als Ergebnis eines Herstellungsvorgangs im Rahmen der Zugangsbewertung bilanziell erfasst werden darf. Die möglichen Bestandteile sind in § 255 Abs. 2 Satz 3 HGB enthalten.
Wertuntergrenze	Die Wertuntergrenze umfasst alle im Rahmen eines Herstellungsprozesses angefallenen Kosten, die mindestens im Rahmen der Zugangsbewertung bilanziell erfasst werden müssen. Sie wurde durch das BilMoG ausgeweitet und ist in § 255 Abs. 2 Satz 2 HGB geregelt.
Zeitrang	Der Zeitpunkt der (ersten) Anmeldung eines Schutzrechts, der darüber bestimmt, wer zeitlich zuerst die entsprechende Idee hatte und wem die Rechte daran folglich zustehen.

Sachregister

Die Stichworte verweisen auf die **Seiten** des Werkes.